BREVE HISTORIA FEMINISTA DE LA LITERATURA ESPAÑOLA (EN LENGUA CASTELLANA)

I

CULTURA Y DIFERENCIA
Teorías feministas y cultura contemporánea

Serie dirigida por Myriam Díaz-Diocaretz
y asesorada por Iris M. Zavala

PENSAMIENTO CRÍTICO/PENSAMIENTO UTÓPICO

80

Myriam Díaz-Diocaretz
Iris M. Zavala
(Coords.)

BREVE HISTORIA FEMINISTA DE LA LITERATURA ESPAÑOLA (EN LENGUA CASTELLANA)

I

TEORÍA FEMINISTA: DISCURSOS Y DIFERENCIA

Enfoques feministas de la literatura española

Introducción de Rosa Rossi

Editorial de la Universidad
de Puerto Rico

ANTHROPOS
EDITORIAL DEL HOMBRE

BREVE historia feminista de la literatura española (en lengua castellana) / Myriam Díaz-Diocaretz e Iris M. Zavala, coords. — Barcelona : Anthropos ; San Juan : Universidad de Puerto Rico, 1993. — . — 20 cm. — ISBN: 84-7658-402-4
Vol. I : Teoría feminista, discursos y diferencia : Enfoques feministas de la literatura española / introducción de Rosa Rossi. — 1993. — 143 p. — (Pensamiento Crítico/Pensamiento Utópico ; 80. Serie Cultura y Diferencia). — Bibliografía p. 125-132. Índices. — ISBN: 84-7658-403-2

1. Mujeres en la literatura española 2. Literatura española - Crítica e interpretación I. Díaz-Diocaretz, Myriam, ed. II. Zavala, Iris M., ed. III. Rossi, Rosa, int. IV. Universidad de Puerto Rico (San Juan - Puerto Rico) V. Título VI. Colección
860.03:396

Primera edición: mayo 1993

© Myriam Díaz-Diocaretz e Iris M. Zavala, 1993
© Editorial Anthropos, 1993
Edita: Editorial Anthropos. Promat, S. Coop. Ltda.
  Vía Augusta, 64. 08006 Barcelona
En coedición con la Editorial de la Universidad de Puerto Rico, San Juan
ISBN: 84-7658-402-4 (Obra completa)
ISBN: 84-7658-403-2 (Tomo I)
Depósito legal: B. 11.618-1993
Fotocomposición: Seted, S.C.L. Sant Cugat del Vallès
Impresión: Novagràfik. Puigcerdà, 127. Barcelona

Impreso en España - *Printed in Spain*

Todos los derechos reservados. Esta publicación no puede ser reproducida, ni en todo ni en parte, ni registrada en, o transmitida por, un sistema de recuperación de información, en ninguna forma ni por ningún medio, sea mecánico, fotoquímico, electrónico, magnético, electroóptico, por fotocopia, o cualquier otro, sin el permiso previo por escrito de la editorial.

A la memoria de
Teresa de Jesús y
Juana Inés de la Cruz

Female, a Quixote is no Quixote at all;
told about a woman, the tale of being
caught in a fantasy becomes the story of
everyday life.

*(Hembra, el Quijote ya no es un Quijote;
narrado sobre una mujer, el relato de ser
atrapada en una fantasía se convierte en
la historia de la vida cotidiana.)*

RACHAEL BROWNSTEIN

PRÓLOGO

Este primer volumen de la BREVE HISTORIA FEMINISTA DE LA LITE-
RATURA ESPAÑOLA (EN LENGUA CASTELLANA) tiene un modesto propósito: intenta unas orientaciones para determinar el lugar que ocupa
la lectura de los textos en la cultura. Afirmará la prioridad de la
interpretación de los textos literarios para cuestionar los códigos
maestros inscritos en los textos e interrogar los monumentos culturales y el poder posicional del lenguaje. Podría añadir, en muy
otro sentido, unas observaciones de Paul de Man: que la base
para el conocimiento histórico no son hechos empíricos sino textos escritos. Dentro del convulsionado campo de la crítica literaria, este libro tiene como objeto la tarea de indicar cómo la literatura tiene la virtud de servir de base a la epistemología, y también a la construcción del sujeto. En palabras de Ana de Lansós:
que somos lo que leemos y cómo lo leemos.

La apertura hacia esta indagación interpretativa presenta
de inmediato dificultades espinosas. En este primer volumen
se notará que los términos fundamentales pueden variar en
función del contexto en que figuran, y a su vez mostrar los
distintos tipos de formación intelectual y conciencia institucional de las autoras —hecho que será más evidente en los volúmenes que aparecerán próximamente. Los puntos de vista se
sitúan sistemáticamente en las intersecciones de varios lenguajes: la filosofía, la lingüística, la crítica literaria, la teoría, e
incluso en intersecciones de varias lenguas nacionales: el fran-

cés, el inglés, el italiano, el español. Todas estas disciplinas y tradiciones, a su vez, vienen desde espacios de distintas tradiciones de Europa, Hispanoamérica y los Estados Unidos.

Desde este primer volumen, el/la lector/a se encuentra con la diversidad y la pluralidad de acentos y acentuaciones, y con pensamientos que provienen de varios contextos nacionales e históricos. Por tanto, esta nuestra BREVE HISTORIA no puede reducirse a un solo lenguaje, una sola mira o una sola línea argumental. Domina lo heterogéneo con un foco virtual que tiene dos propósitos complementarios y simultáneos: leer y comprender la ausencia de la voz de la mujer, por una parte, y leer los discursos que la silencian, para convertir la lectura en un acto de entendimiento interpretativo.

TEORÍA FEMINISTA: DISCURSOS Y DIFERENCIA lo que propone es el correlato texto-lectura, que las ciencias literarias y las ciencias humanas no pueden permitirse el lujo de ignorar. Para el lector tradicional, sin embargo, este libro y la totalidad del proyecto puede resultar polémico. Acaso sea innecesario recordar que todo este entramado crítico discursivo, que se ha ido extendiendo en los últimos años, pone en crisis la historia literaria tradicional, que —como es sabido— forma parte de la narrativa representacional (o «realismo»). En los tres ensayos que componen este primer volumen, las autoras abordan los problemas de lo que llamamos «interpretación» como parte de la historia literaria, al mismo tiempo que proponen métodos determinados para que el acto de lectura feminista subvierta la posibilidad de una lectura autoritativa y cerrada, y deje abierto el camino hacia una propuesta de análisis ulterior sobre las prácticas sociales de construcción de la subjetividad.

Se esboza así —como modelo para armar— una *historia crítica*, hermenéutica, que se distingue de la acostumbrada «representacional», no solo por su objeto de estudio —la construcción del género sexual, la objetivación del cuerpo, la dimensión normativa de la identidad—, sino porque refleja el significado social de tal actividad. La mayor diferencia radica en problematizar los objetos culturales y sus imaginarios e interpelaciones dentro de la axiología o evaluación de la cultura.

Se articulan así, en este texto introductorio, los elementos dóxicos y su reproducción.

Este ensayo crítico para teorizar la literatura española significa una apertura hacia los cuestionamientos actuales sobre los artefactos culturales, el rol de la cultura en la formación de individuos, problemas de identidad e identificación que revelan el impacto de la lectura en la constante producción de otredad que caracteriza el texto literario. Interesa plantear el problema epistemológico desde el punto de vista que establece la teoría feminista entre conocimiento e interpretación, y la formación o construcción del sujeto. El interés que tiene esta perspectiva puede cambiar el panorama de la crítica contemporánea.

Los temas tratados por las autoras incluyen las ideologías del patriarcado, la problematización del concepto de representación, la construcción del sujeto, la diferencia, los constructos culturales que crea el discurso genérico o sexuado, el silencio sobre lo que se oculta en la cultura, la especificidad de la escritura femenina, el texto social, el sociotexto y el entimema, así como *lo dado* y *lo creado* en la escritura de mujeres. La lectura que se propone de los textos culturales es re-acentuar los conflictos latentes y acumulados y entender los textos como palimpsestos de distancias, silencios y diferencias.

Las tres autoras se proponen temáticas distintas para abordar un proyecto de modelo teórico con el que analizar la historia literaria. Mientras R. Rossi se centra en los aspectos generales y específicos que permiten el modelo crítico, I.M. Zavala ensaya un esquema teórico que remite al acto interpretativo, refiriéndose en particular a la relación entre interpretación, posiciones de sujeto e identificación. Por su parte, M. Díaz-Diocaretz se ocupa de la hablante en los textos, el sujeto hablante y su palabra, y propone los principales objetos especificadores, no solo de una teoría feminista dialógica, sino para la comprensión de las estrategias de la escritura.

Con este primer libro se inicia una BREVE HISTORIA FEMINISTA DE LA LITERATURA ESPAÑOLA (EN LENGUA CASTELLANA), con la participación de destacadas especialistas, que se compondrá de varios volúmenes. En su conjunto representa el primer intento reconstructivo de los textos literarios que se haya desarrollado para cualquier cultura. Es, pues, un proyecto que comporta una visión renovada de la crítica y de nuestros hábitos interpretativos. Cabe esperar que promueva la lectura crítica en un futuro previsible, incluso la reformulación de la noción de *cultura* y el proyecto de futuro que esto implica respecto a la enseñanza de la literatura y al reconocimiento del otro. Para mí, en particular, representa una apertura hacia la heterogeneidad social y el problema ético de la interpretación.

Iris M. Zavala

N.B. Se habrá de observar que esta nuestra Breve historia (en sus tres partes) no equivale a una historia de las mujeres como sujeto social, como las emprendidas por Michelle Perrot y Georges Duby, o a la de Bonnie S. Anderson y Judith P. Zinsser. Tampoco se debe confundir exclusivamente con una historia del discurso genérico y de la diferencia. Conviene pues señalar que el volumen primero plantea una *teoría de la interpretación del discurso sexuado y de las construcciones de discurso genérico*, mientras que los volúmenes posteriores se centran en la historia de estas construcciones, al mismo tiempo que se apoyan en una teoría de la interpretación. Finalmente, la tercera parte historia (en la medida de lo posible) las aportaciones de las mujeres a la historia de la cultura.

Cabe señalar que a mí me sorprende el reduccionismo de las declaraciones de Michelle Perrot (*El País*, 8 de octubre de 1991), de calificar el feminismo norteamericano como gueto. Que de todo hay en la viña del señor. Así como ha de extrañar que al filo del siglo XXI nos preguntemos si es posible una historia de las mujeres. Pregunta que se corresponde, en la historia de la historiografía, a si existía o no una historia de las clases sociales y del proletariado. Por suerte pronto aprendimos a comprender la historia como totalidad —arriba y abajo.

Sirva esta *nota buena* y bienintencionada para aclarar algún punto ojeroso.

Agradezco a mi antigua amiga, Amparo Hurtado, la paciencia con que me sacó de sus ficheros muchas notas bibliográficas y recortes de periódicos. *Merci!*

INTRODUCCIÓN

INSTRUMENTOS Y CÓDIGOS. LA «MUJER» Y LA «DIFERENCIA SEXUAL»

> ¡Cuando termine la absoluta servidumbre de la mujer, cuando viva para sí y por sí, cuando el hombre —hasta ahora abominable— la haya dejado libre, ella será poeta, ¡también ella! ¿Difiere tanto del nuestro su mundo de ideas? La mujer conocerá cosas extrañas, insondables, repelentes, deliciosas; nosotros lo tomaremos, lo comprenderemos.
>
> ARTHUR RIMBAUD,
> Carta a Paul Démeny, 1871

Empezaré con dos consideraciones de carácter muy general, destinadas a constituir el fundamento de las dos partes de esta sección del primer volumen de nuestra historia literaria feminista.

A lo largo de todo mi recorrido iré citando un texto que es ya un clásico, de valor histórico, del feminismo italiano: el «Manifesto di rivolta femminile» de Carla Lonzi.[1]

Primera consideración

La literatura rezuma presencia de la mujer y diferencia sexual, por ser la literatura la esfera del conocimiento de la comunicación directamente ligada a la mimesis y a la diégesis, dos actividades creativas, intelectuales, que no soportan ser relegadas, como por ejemplo la filosofía o la teología, en una dimensión abstracta y, por ende, absoluta (lo que en la cultura patriarcal quiere decir masculina). Así, por ejemplo, en un tex-

---

1. C. Lonzi, «Manifesto di rivolta femminile», en *Sputiamo su Hegel*, Milán, Rivolta femminile, 1974.

to maestro, la *Ilíada*, acaba de empezar la historia y ya los compañeros de Aquiles van a su campamento a pretender la restitución de Briseidas, con claro signo de la función de la mujer como instrumento de comunicación y de intercambio entre varones. La lírica griega acaba de nacer y ya canta la voz femenina de Safo dirigida a otra mujer.

Pero los estudios literarios —inevitablemente subalternos hasta la ruptura, producida por el feminismo de la segunda mitad del siglo XX, de la ideología patriarcal— están muy poco atentos a la diferencia sexual en la utilización de sus mismos instrumentos (parte I).

Segunda consideración

Desde siempre, la literatura ha tenido un papel cognoscitivo importante que le fue reconocido, como sabemos, con distintos matices por Platón y Aristóteles, y después por muchísimos teóricos del conocimiento, con particular insistencia en nuestro siglo, en el sentido de que los escritores han entendido verdades profundas de la psique humana, han —como se ha dicho— ofrecido siempre una imagen abierta, dinámica, de la estructura del sujeto, y por eso, también verdades e imágenes sobre la sexualidad que vertebra la estructura profunda del sujeto.

Pero en muy pocos y contados casos los estudios literarios incorporan los conocimientos filosóficos, psicoanalíticos y antropológicos necesarios para estar a la altura de su mismo objeto (parte II).

Bien sea para la parte I, dedicada a «los instrumentos de análisis y la "diferencia sexual"», o para la II, dedicada a «los códigos y la "mujer"», ofreceré siempre un ejemplo: la «enunciación» para los instrumentos y «el amor cortés» para los códigos.

Es evidente que de todos los problemas a los cuales aludiremos no se podrá dar más que un tratamiento no solo breve, sino sobre todo lo más ajeno de la exhaustividad que se pueda imaginar. Se tratará más de impulsos, de sugerencias, dotadas sin embargo, así espero, de algún rigor.

14

Este será un planteamiento breve pero riguroso de una reivindicación que —en mi opinión— debería estar en la base de esta nuestra historia literaria para que sea, según nuestra intención, una contribución cognoscitiva concreta a los estudios literarios en su conjunto. Hemos sido y seguimos siendo nosotras, las mujeres que estudiamos problemas literarios, las que vamos planteando la relación entre la literatura y la diferencia sexual en términos ricos y reveladores. Porque el feminismo contemporáneo constituye el intento más importante de utilizar a fondo e interdisciplinarmente el gran giro epistemológico del siglo, lo que ha permitido plantear y decir la Otredad liberada de presupuestos metafísicos.

«La mujer es "lo otro" respecto del hombre. El hombre es "lo otro" respecto de la mujer.» Estas verdades —tal como las proclamaba Carla Lonzi en 1970— iban a derribar, quebrantar, o por lo menos a poner en tela de juicio trinidades y paternidades, y a iluminar, por ese camino, las infinitas complejidades de la obra de arte.

I. Instrumentos de análisis y «diferencia sexual»

Al utilizar el término «instrumentos de análisis» nos situamos, como es evidente, en el terreno de la máxima neutralidad, una dimensión neutral que se debe mantener en los estudios literarios, aunque sean ellos relativos, como se acaba de decir, a algo que rezuma «diferencia» y sexuación. Es el terreno de los niveles más formalizados y por ende objetivos, un terreno que no se puede negar si no se quiere caer en la paradoja de negar la unidad de la especie y olvidar que entramos todas en una historia del conocimiento como lucha del espíritu contra la naturaleza —en términos filosóficos—, una historia que sin duda ha ido usando a nivel histórico-antropológico a la mujer como signo e instrumento, como veremos, pero que al mismo tiempo ha ido construyendo conceptos y estructuras formales, desde el teorema de Pitágoras al análisis formal del periodo, que son de valor práctico para todo ser humano y que sería una locura querer sexuar.

15

Me refiero, para los estudios literarios, a una serie de distinciones y esquemas analíticos (que corresponden a su vez a la historia de las ciencias del lenguaje en lo que va de siglo), como paradigmático/sintagmático (Ferdinand de Saussure); denotación/connotación (Louis Hjemslev); destinatario/mensaje/contexto/código, etc. (Roman Jakobson); enunciación/enunciado (Émile Benveniste), fábula/trama/narrador (Tomaševskij), y otras del mismo talante (como el análisis y descripción de las figuras o, a otro nivel, de las estrofas y de los versos).

Estamos frente a distinciones en las que es nulo el papel de la subjetividad —no por casualidad es en la enunciación, donde se abre el camino a la subjetividad, que encontraremos el cruce posible con la «diferencia sexual»—, distinciones situadas a niveles en los que no se habla de un modo concreto de utilizar el código lingüístico, ni de los códigos literarios que sobre ello se construyen, sino de modelos formales de análisis del lenguaje. No por casualidad el enfoque bajtiniano sustentado, como sabemos, por el modelo sociolingüístico —es decir, con una ciencia del lenguaje que se funda y alimenta de concretos, sociales, modo de utilización del código— ofrece en cambio, a través del concepto de dialogicidad, una gran riqueza de utilizaciones y elaboraciones desde el punto de vista de la «diferencia». Y bien lo muestra la labor crítica de Iris M. Zavala.

Es en el plano de la dinámica entre lenguaje y subjetividad que se abre el primer nivel de la sexuación del lenguaje literario, un carácter marcadamente sexuado que, sin embargo, es generalmente pasado por alto en los estudios literarios.

La enunciación

En el estatuto de la enunciación, como importante instrumento analítico, se abre una rica dialéctica entre neutro y no neutro en los elementos mismos del esquema formal. Porque si por un lado no se ve cómo se pueda sexuar en sí el enunciado en tal que «resultado de la utilización del código», al contrario, no se ve cómo se pueda no tener en cuenta la sexuación en la enunciación como «situación en la que el enunciado es producido» o «acto individual de la locución en el que se revela el hablante». Una sexuación del hablante que seguirá actuando en todo el texto, con una riqueza que solo la literatura ofrece y permite.

Si, por ejemplo, el constituirse del sujeto lírico, de la «figura» del poeta que habla en un poema, no puede nacer sino del proceso de negación del yo empírico por parte del autor real, al empezar a hablar aquel sujeto fantasmático no podrá sino hablar como sujeto femenino o como sujeto masculino. Y lo hará asumiendo un destinatario interno que podrá ser a su vez masculino o femenino, pero de todas formas sexuado. Sin embargo, solo en algunos estudios, en general en los de enfoque psicoanalítico, se dedica atención a este aspecto.

Se podría escribir toda la historia de la poesía lírica desde este punto de vista. Con algunas excepciones, nos encontramos en la poesía occidental delante de la primacía absoluta de un yo masculino hablando a un tú femenino: todo el petrarquismo y su crítica y disolución barrocas se cifran así. Una larga historia que tiene, empero, sus importantes excepciones: por un lado los textos en los que —pienso en los sonetos de Shakespeare y de Lorca, o en textos de Cernuda— un yo masculino habla a un tú masculino, o bien casos importantes de la poesía medieval —como los de las *jarchas* o de las *cantigas*— en los que el sujeto lírico es un yo femenino.

Es también por esta razón que resulta fundamental aquella gran variación de la tradición petrarquista que es la poesía de Juan de la Cruz, con el desarrollo, a nivel de protagonista —respecto del modelo bíblico—, de la «voz» en el *Cántico espiritual* y la gran voz femenina que enuncia el poema «Noche oscura». (Sobre esto tendré ocasión de volver con más extensión en la parte relativa a Juan de la Cruz que desarrollaré en un próximo volumen.)

El instrumento analítico ofrecido por la pareja enunciado/enunciación permite pues captar, en su concreta actuación poética, la lógica de la «otredad», al tiempo que interfiere con los códigos literarios en un juego complejo entre lo imaginario y lo simbólico.

Si pasamos al texto narrativo, el juego de las posibilidades analíticas ligadas a la enunciación se ensancha y enriquece aún más con todas las posibilidades que ofrece el estatuto del narrador/narradores, sobre todo cuando en el análisis se le añade la relación con el autor real.

Se puede en efecto encontrar una narración en primera persona femenina (o una tercera persona focalizada desde el punto de vista de un personaje femenino) inventada por un autor de sexo masculino; o al revés, una primera persona masculina inventada por un autor de sexo femenino.

De ahí se desprende una consideración que es fundamental en el análisis de la novela: que el texto narrativo en primera persona siempre está enunciado por una voz que necesariamente será sexuada (a menos que alguien no invente una voz narradora de ángel). Más complejo es el problema para la voz narradora en tercera persona; como voz sexuada, y colocada en un espacio y un tiempo determinados, no podrá sino ser portadora de una ideología, de una exploración de las formas mentales a propósito de la sexualidad y de los roles sexuales.

Una gran riqueza de variaciones ofrece desde este punto de vista analítico la novela moderna con su punto de vista variable y fluctuante: fue Virginia Woolf quien, en sus obras maestras —entre las cuales destaca, por la riqueza del punto de vista fluctuante y conscientemente sexuado, *To the lighthouse*—, las utilizó con plena vigencia literaria y aguda conciencia feminista.

Otro terreno importante de análisis de la enunciación es el cuento, y sobre todo la colección de cuentos, entre los cuales destacan los de Katherine Mansfield, tan ricos en variaciones desde el punto de vista sexuado,[2] y en la literatura española contemporánea, los recientes libros de cuentos de Cristina Fernández Cubas, donde las leyes mismas del cuento fantástico —en las que, como dictó Todorov, «el narrador dice yo»— permiten trabajar a fondo sobre las distintas ópticas y voces de narradores femeninos y masculinos.

---

2. He trabajado sobre K. Mansfield en «La solitudine dentro di sè», *Memoria. Rivista di storia delle donne*, 10.

II. Los códigos y la «mujer»

En mi opinión, es fundamental —como queda dicho en los apartados iniciales— la distinción, no rígida pero sí rigurosa, entre instrumentos de análisis del texto con su carácter formal y autónomo —es decir, fundado sobre leyes propias— y los códigos de la comunicación literaria, códigos que no pueden en ningún caso ser neutrales, y que vertebran a la comunicación literaria, que los reelabora y recodifica desde las lenguas histórico-naturales. Es ahí que, en ese gran crisol de la doble dimensión del papel del lenguaje a nivel de historia natural de la especie y a nivel de la historia cultural de la misma, las lenguas histórico-naturales fijan y transmiten los códigos relativos a la sexualidad y, por ende, a la «mujer» en base a las relaciones reales entre los dos sexos, es decir, en cuanto a las formas del poder.

Es por eso que nos vemos obligados a buscar fuera de la literatura la fundamentación de los códigos relativos a la «mujer».

Ha sido Claude Lévi-Strauss, en *Les estructures élémentaires de la parenté*,[3] el científico que, en base a observaciones empíricas —y no sobre supuestos ideológicos—, ha definido el papel de las mujeres en la cultura humana como instrumento de intercambio y como lenguaje y comunicación entre los varones, fundamento, por ende, de un sistema de significados construidos por los varones, que establecían las reglas del juego.

El descubrimiento y la definición de Lévi-Strauss ha provocado muchas discusiones y no ha sido aprovechado a fondo por el mismo Lévi-Strauss, aunque sí bien desarrollado en el tercer volumen de *Mythologiques*.[4] Pero su teoría no ha encontrado desmentidos radicales y ha sido asumida —en diferentes formas y con distintos niveles críticos— por la crítica feminista al patriarcado, cuando en el debate irrumpió, con una auto-

---

3. C. Lévi-Strauss, *Les estructures élémentaires de la parenté*, París, PUF, 1949.
4. C. Lévi-Strauss, *L'origine des manières de table*, en *Mythologiques*, vol. III, París, Plon, 1968.

nomía y una fuerza antes desconocidas, la palabra de la mujer: «Hemos mirado durante 4.000 años: ahora hemos visto», escribía Carla Lonzi en 1970. Y si Lévi-Strauss enseñaba —aun sin quererlo y en medio de muchas contradicciones— la forma y el cimiento del patriarcado, han sido las mujeres quienes, entrando de lleno en la polémica, han interrumpido el monólogo patriarcal.[5] (Con mucho acierto, Cèlia Amorós establece en *Hacia una crítica de la razón patriarcal*[6] un cotejo entre los planteamientos de Lévi-Strauss y la reducción patriarcalista del mensaje de Jesús de Nazareth por san Agustín en *La ciudad de Dios*.)

Del planteamiento de Lévi-Strauss se deducen algunas importantes consecuencias:

— que todo el discurso de miles de años sobre la «mujer» de ninguna manera puede ser considerado neutral;

— que esta falta de neutralidad afecta a toda clase de discurso, y en primer lugar al discurso de las grandes religiones positivas, las cuales, además, hacen de los significados relativos a la «mujer» la base de sus construcciones;

— que ese discurso poco o nada tiene que ver con lo que las mujeres reales han sido y han hecho a lo largo de la his-

---

5. También Juliet Mitchell, en otro libro histórico —*Psychoanalysis and Feminism*, Harmondworth, Penguin, 1975 (trad. cast.: Madrid, Anagrama, 1976)—, se empeñó en destacar, pese a las arremetidas del feminismo radical, que Freud en realidad había revelado la naturaleza del patriarcado no como dominio de los hombres sino del padre, tal como lo llevamos inscrito en las estructuras del inconsciente, reivindicando así el alcance revolucionario de los descubrimientos de Freud y abriendo un fecundo camino a la crítica feminista. Hay que decir, además, que la tesis de Lévi-Strauss encuentra una confirmación de fondo en el hecho lingüístico, que es común a muchos idiomas, según el cual no existe simetría entre las palabras que designan a las dos mitades de la especie. En muchos idiomas —como, por ejemplo, en el italiano— la palabra que designa la mitad masculina, *uomo*, funciona como archilexema, como palabra que comprende, al denotar la especie, también a la mitad femenina, encerrada en cambio bajo el eufemismo hipócrita de *donna*, que viene del término latino *domina*, es decir, *señora*. En castellano existe *varón*, como correspondiente de *vir* y con connotaciones todas positivas, mientras que la palabra usada para indicar la mitad femenina hasta coincide con la que indica la pareja del varón en el matrimonio: *mujer*.

6. C. Amorós, *Hacia una crítica de la razón patriarcal*, Barcelona, Anthropos, 1985.

toria, actuando, trabajando manual e intelectualmente, hablando;

— que no tiene sentido buscar en el pasado fundamentos o símbolos para la nueva cultura que la liberación y autorrepresentación de la mujer real pueden crear;

— y, finalmente, que de veras no se puede seguir fantaseando sobre el matriarcado —como se sigue haciendo, por ejemplo, en el ensayo «¿Existe una estética feminista?» de Silvia Bovenschen—[7] ya que científicos de ambos sexos y distintas procedencias han demostrado y afirmado repetidamente lo que está implícito en la teoría de Lévi-Strauss, es decir, que *el matriarcado nunca ha existido*.

Respecto a este esquema levistraussiano, la literatura queda obviamente colocada del lado del discurso masculino, pero con la diferencia fundamental que destacábamos al principio: que la literatura siempre ha estado fundada sobre la mimesis de situaciones reales y sobre la poiesis de discursos necesariamente individualizados y sexuados; y que la literatura, como sistema de comunicación de segundo grado en las lenguas histórico-naturales, conlleva posibilidades inmensas de connotación, de profundidad y de trasgresión que obedecen a sus capacidades de construir un modelo abierto del funcionamiento del sujeto. Por eso, mientras que Diotima nos parece fijada en el sistema de conceptos establecido por Platón, Antígona continúa interrogando las mentes humanas. Es evidente que el problema central es el propio lenguaje y la naturaleza del lenguaje literario.

No por casualidad, Juliet Mitchell —una de las madres fundadoras del feminismo de esta segunda mitad del siglo xx— reconocía, en su apasionado, apasionante y a la vez lúcido y crítico *Psychoanalysis and Feminism*, que su discurso —en el cual, merece la pena recordarlo, entraba también una valoración positiva de los propósitos de Lévi-Strauss— se detenía

_____

7. S. Bovenschen, «¿Existe una estética feminista?», en *Estética feminista*, Barcelona, Icaria, 1987.

ante las puertas del problema principal: el lenguaje; el problema sobre el que —como sabemos— ha ido trabajando, en diversas formas, el pensamiento feminista durante los últimos veinte años.

Por las razones expuestas hasta ahora, puede verse por qué considero importante para el planteamiento del problema de los códigos relativos a la «mujer» a Ida Magli, una antropóloga que ha ido desarrollando, polémicamente, los planteamientos de Lévi-Strauss, y ha provocado así una radical crítica del sistema de significados relativos a la «mujer» en la cultura patriarcal, una crítica que tenía, desde nuestro punto de vista, el valor y la ventaja de situar en el centro el problema de la «palabra». Desde «Potenza della parola e silenzio della donna»,[8] escrito en 1976, hasta sus últimos ensayos, Ida Magli ha ido desarrollando una pujante crítica de la palabra masculina y patriarcal, y creando así los fundamentos para una nueva palabra femenina. Basta abrir Jeremías, es decir un texto fundacional de la cultura occidental, para ver confirmados los análisis de Ida Magli cuando habla de la «mujer» como «palabra de las palabras», signo de comunicación entre varones, fundamento de pactos e instituciones. Es decir, para ver que la «mujer» funciona en el discurso patriarcal como símbolo de «otra cosa». Baste pensar en Jeremías II, 1 y en cómo la «mujer» funciona ahí como símbolo de la función de Israel (y Jerusalén) como esposa de Dios, con todas las secuelas propias de una relación matrimonial en términos de traición, seducción y violación de otra mujer (en este caso, símbolo del mismo Jeremías).[9]

Paralelamente, el trabajo de las antropólogas ha ido enseñando en estas últimas décadas cómo la cultura judaico-cristiana no ha hecho sino recoger y reelaborar estructuras profundas comunes a todas las culturas, en las que se ve a la

---

8. I. Magli, «Potenza della parola e silenzio della donna», en *Alla scoperta di noi selvaggi*, Milán, Rizzoli, 1985.

9. Es elocuente, en este sentido, la lectura que de los textos de Jeremías hace Harold Bloom en *Ruin the Sacred Truths: Poetry and Belief from the Bible to the Present*, Cambridge, Harvard University Press, 1989.

mujer conectada con el plano de lo sagrado, destinada a funcionar —cerrada abajo en la virginidad y arriba en el silencio— como vía del varón hacia la trascendencia, protección y garantía para él contra la muerte.

Única ruptura radical en esta continuidad es el mensaje de Jesús de Nazareth, rápidamente manipulado y reducido —como tendremos ocasión de señalar en el segundo volumen— a la normalidad patriarcal.

Hay en el siglo XVI español —siglo dramático en el que se libró otra vez la batalla por la libre palabra de la mujer (bastará pensar en Isabel de la Cruz y María de Cazalla); las mujeres castellanas procesadas en las primeras décadas del siglo, y por una interpretación de la sexualidad y del erotismo no sometida a la interpretación de la jerarquía (los alumbrados andaluces)— dos libros que reafirman, aunque con matices y términos distintos, la interpretación patriarcal de los códigos simbólicos relativos a la «mujer». Y son *Institutio mulieris christianae* de Luis Vives y *La perfecta casada* de Luis de León.

En ambos libros —a pesar de las muchas diferencias que hay entre ellos— se tienen claras dos cosas:

1) «La castidad de la mujer —es decir el tabú frente a la libre sexualidad— hace las veces de todas las virtudes», que es la definición de Vives (p. 1.010), y «el ser honesta una mujer no se cuenta ni debe contar entre las partes de que esta perfección se compone, sino antes es como el sujeto sobre el cual todo el edificio se funda [...] es como el ser y la substancia de la casada»;

2) «Del bien hablar no tengo ningún cuidado: no lo necesita la mujer [...] ni parece mal en la mujer el silencio», afirma Vives; y más tajantemente Luis de León: «Así como la naturaleza hizo a las mujeres para que encerradas guardasen la casa, así las obligó a que cerrasen la boca». No se podría decir con más claridad que, para que funcione la comunicación entre varones, para que sigan en pie instituciones y poder, las mujeres deben acatar la ley que ordena su sexualidad y su palabra.

23

Este es el código que la literatura española recibe de la lengua histórico-natural como vehículo de las normas patriarcales. Pero la literatura es el reino del imaginario y de la sobredeterminación de los signos a través de una gran variedad de géneros, y sobre este código, a veces infringiéndolo, construye mundos, comunicación de segundo grado donde la «mujer» sigue funcionando como símbolo de otra cosa; pero al mismo tiempo, la utilización literaria de la lengua entrega a ese símbolo funciones muy ricas y diversas que atañen a niveles profundos de las formas de funcionar del sujeto.

El amor cortés

En pocos casos como en el amor cortés aparece tan claramente que la «mujer» es fruto de una codificación masculina. En el reciente libro de Henry Rey-Flaud *La névrose courtoise*,[10] donde se examinan aquellos códigos con metodología rigurosamente freudiana, se llega a la conclusión de que ahí la «mujer» funciona como un fetiche, que su belleza tiene la función de ofrecer al varón una garantía contra el riesgo de castración y de muerte. Es decir, que en este sentido la «mujer» funciona como proyección del imaginario masculino. (También se ha dicho que aquel discurso sobre la mujer fría y con tabús sería la máscara de un amor homosexual.)

En pocos casos se ha dicho con tanta claridad como en el caso del amor cortés, que ahí el discurso sobre el amor y la mujer hablaba de «otra» cosa, por ejemplo de temáticas religiosas en sentido heretical respecto a la ortodoxia eclesiástica. Pero a su vez, la literatura de «otra» cosa, es decir de sí misma, siempre habla del lenguaje como forma para dibujar un modelo histórico del sujeto. Es sabido que la lírica es la forma para expresar el sentimiento *personal*, con todo lo que supone de dimensiones introspectivas, rememorativas evocativas de la experiencia del yo. En el caso de la poesía ligada al amor cor-

---

10. H. Rey-Flaud, *La névrose courtoise*, París, Navarin, 1983.

tés —desde los trobadores hasta Garcilaso— se trató de la elaboración del modelo de la experiencia individual laica y solitaria. Una forma moderna del sujeto que, aunque elaborada a través del imaginario masculino, no puede ser ajena, ni mucho menos, a la atención de las mujeres cuya reciente emersión en la historia nace justamente de la emersión y explosión de una nueva subjetividad.

Se trata ahora de construir nuevos lenguajes, y toda la labor de las poetas contemporáneas —y pienso en el trabajo de Myriam Díaz-Diocaretz— enseña cómo se va avanzando en este camino, para que también en el discurso literario sea cierto lo que Carla Lonzi escribió en aquel ya lejano 1970: «El hombre tendrá que escuchar de la mujer todo lo que a ella se refiere». Y eso contra las tentativas reiteradas por parte del «Padre», incluso en años recientes, de decirnos lo que somos y lo que tenemos que ser.

Rosa Rossi

25

LAS FORMAS Y FUNCIONES DE UNA TEORÍA CRÍTICA FEMINISTA. FEMINISMO DIALÓGICO

Iris M. Zavala

I. Problemas generales

Cualquiera que lea un texto hoy en día reconoce que la cultura está dominada por varios saberes y poderes; es decir, que una serie de opiniones «autorizadas» han definido históricamente lo que sea un texto de cultura y su valor. En otras palabras, y empleando un léxico más certero: que opiniones «autorizadas» deciden la norma, el canon, lo canónico y el valor de los textos culturales. Hasta hace muy poco todo este mundo de lo *dado* se aceptaba, incluso dábamos por sentados los monumentos históricos que estos discursos reactualizaban sin leerlos desde el interior y describir sus relaciones con otros que quedaron silenciados. Ni la historiografía tradicional, ni la filología, ni la estilística, ni la historia literaria habían problematizado la validez de la autoridad de semejantes métodos y juicios, hasta las intervenciones teóricas contemporáneas que con espíritu más polémico intentan reformular los métodos críticos tradicionales de la estilística.

Por una mutación reciente, se ha cambiado radicalmente la actitud pasiva ante los monumentos culturales, y la práctica interpretativa ha desplegado todo un campo de preguntas sobre lo que sea una ciencia, un texto y su lectura al poner sobre el tapete los esquemas lineales de aquella cronología continua de la razón (el logos) y del positivismo en los dominios de la crítica. Lo que es evidente es que no existe una crítica literaria ni una teoría cultural que no se proponga abrir un espacio para revelar no solo las contradicciones de los textos, sino demostrar cómo estas contradicciones indican algo de su constitución o propósito y de sus fundamentos epistémicos. Nos proponemos lo que en otro momento he llamado una *epistemología responsable*, que significa poner al descubierto algunas de las mentiras pasadas por grandes verdades. Parto de la certeza de que la cultura (los textos literarios en nuestro caso) transmite valores y valoraciones, y está en constante producción de otredad. En palabras más directas para situar el punto de partida: se trata de *descolonizar el canon del patriarcado*, de re-apropiarlo y re-escribir las culturas restaurando sus silencios y las políticas y la lucha por el poder inscritos en los textos.

Me guía el ánimo de ensayar una *historia crítica*, lo cual significa una hermenéutica que se distingue de la tradicional, no solo por su objeto de estudio (la construcción histórica de género sexual, la objetivación del cuerpo, los usos de la literatura y de la lectura), sino por revelar el significado social de tal actividad. La diferencia mayor radica en problematizar los objetos culturales y sus imaginarios e interpelaciones dentro de la axiología de la cultura. Interesan los elementos dóxicos (lugares comunes aceptados) y su reproducción figurada.

En líneas generales parto de lo que podríamos llamar el *posestructuralismo*, pero apoyándome en el sentido liberador de la dialogía bajtiniana. Desde este amplio marco en que combino varias teorías lectoras e interpretativas podemos confrontar la persistencia de modelos teóricos y epistémicos hostiles a la deconstrucción del discurso de las esencias y naturalezas. En cambio, a partir de una combinación del posestructuralismo con la propuesta dialógica de M. Bajtin, no solamente es posible la afirmación liberadora del sujeto (o sujeta), así como el desmonte del discurso de la racionalidad (impulsada por el discurso genérico del liberalismo burgués decimonónico) que permite la entrada al pensamiento filosófico. Mi propuesta va encaminada a la liberación de lo simbólico.

Parece evidente que esta «nueva crítica» se apoya en el análisis interdisciplinario, que incluye desde la especulación lingüística a la fenomenológica y la semiótica. Esta mutación ha hecho que cambiemos de posición frente a los textos culturales. Lo que en líneas generales llamaré *posestructuralismo* —una variedad de marcos interpretativos que incluye orientaciones tan divergentes como la dialogía de M. Bajtin, la *deconstrucción*, la *hermenéutica*, las tradiciones formalistas y semióticas, el neofroidismo, los estudios del discurso del poder y sobre el cuerpo (M. Foucault, sobre todo), la deconstrucción de Jacques Derrida y las sugerencias interpretativas de Paul de Man, y los estudios culturales— ha servido para interrogar y valorar las perspectivas tradicionales y reformular la tarea crítica e interpretativa.

Dentro de estos corpus divergentes y desiguales, las *teorías feministas* han ayudado decididamente a desmitificar y desenmascarar los usos ideológicos de los análisis tradicionales. Hoy debe quedar claro que ningún texto analítico puede permitirse ignorar las contribuciones fundamentales de los análisis *feministas* en este cambio epistémico, y en la crisis de la crítica. Se intenta hoy en día encontrar, más allá de los propios enunciados, la intención del sujeto, su actividad consciente, o el juego inconsciente que se ha transparentado a pesar suyo incluso en lo que no ha dicho. De todos modos, se trata de recobrar la palabra no dicha o la palabra enmudecida, o la palabra bivocal, y de restablecer el texto invisible que recorre el intersticio de las líneas en la mudez murmurante de la página.

La pregunta es infalible: ¿qué es lo que se dice en lo ya dicho? ¿Qué significa el acto interpretativo? ¿En qué medida el pasado está en nuestro presente? Queda claro que el texto siempre busca la respuesta (comprensión) como parte constitutiva. Sí se ha creado conciencia del correlato texto-lectura, lo cual significa no solo una nueva forma de leer y el conflicto que es toda lectura, sino todo un replanteamiento de la posición del sujeto y de las relaciones intersubjetivas y colectivas. De esta manera, la lección ineludible es preguntarse qué significan los monumentos culturales, qué cultura se monumentaliza y quién la convierte en texto maestro o canon. Pero no menos importante es cuestionar un discurso literario que pretende llegar a resultados verificables (científicos), sin autorreflexionar sobre su propio estatus como retórica. Queda claro que la crítica (y teoría) literaria no es menos ficción que la ficción, y que no se puede distinguir entre el narrar o contar y el mostrar.[1]

De ahí que se hable de *grandes relatos* o de *narrativas maestras* y *metarrelatos*; o sea, los grandes marcos teóricos instrumentales (teleológicos partidistas y clasistas y morales) mediante los cuales se organiza la vida social y política nacionales, i. e., liberalismo, marxismo. Estas narrativas forjan «totalidades» y requieren la representación de agentes mediadores de una clase social particular; hasta el presente, la poética de la representación ha sido el agente más eficaz. Naturalmente que el patriarcado, la razón como patrimonio masculino y el discurso genérico (si dejar de lado el eurocentrismo y el racismo) forman parte de estos *metarrelatos*. No debe extrañar, entonces, que el término *representación* o el discurso referencial sea el blanco de buena parte de la crítica posestructuralista (y deconstructivista), desde diferentes miras.

Roland Barthes fue sin duda el primero en poner sobre el tapete, en 1959, la pregunta esencial: ¿qué es eso que llamamos literatura?, y cómo es posible que la literatura no se replantee que es sujeto de su propio saber. Esta empresa abrió todo un mundo de posibilidades, entre otras el cuestionamiento de la literatura misma y la invención de la literatura como agente de valores universales. Al crearse su propia tradición, se reforzó todo un programa epistemológico; si bien la historia de las variaciones semánticas del término nos permite reconocer cómo se fue inventando una tradición.[2] Hoy en día se reconoce que la

---

1. Véase Barbara Johnson, «Rigorous Unreliability», «*The Lesson of Paul de Man*», *Yale French Studies*, 69 (1985), pp. 73-80. Sin declararme demaniana, es importante subrayar que los análisis actuales en torno a los *relatos maestros* o *grandes narrativas* de la cultura en occidente, tienen gran importancia para que veamos con sesgo irónico, y llenos de sospecha, todas las formas de afirmar verdades autorizadas y de crear grandes totalizaciones. *Relato maestro* o *narrativa* en ese sentido remite al elemento retórico de las grandes verdades ontológicas y teológicas. Es la enseñanza de Nietzsche, re-acentuada por múltiples teorías actuales, del posestructuralismo a la posmodernidad.

2. Sintetizo las convincentes explicaciones de Timothy J. Reiss, *The Meaning of Literature*, Ithaca, Cornell University Press, 1992.

literatura es una construcción. Todo un programa se abrió con esta pregunta esencial de Barthes, y se comenzó así a minar todo planteamiento sobre una lectura autoritativa y la pretensión cientificista de las ciencias humanas. Así se ha hecho evidente (empresa de Paul de Man) que lo que llamamos *interpretación* es de hecho pura y simplemente historia literaria. Esto es justamente lo que se conoce hoy como *metacrítica*.

En todo caso, uno de los objetivos es replantear las prácticas mediante las cuales una cultura ha guardado unos textos como memoria de su propio pasado, o como conservación de una identidad mantenida. Para hacer valer este trabajo de libertad, la puesta al día de todo el juego de las diferencias se opone a los sistemas cerrados con la apertura viva de la historia. Debe quedar claro, sin embargo, que por *diferencia* no debemos entender un juego trópico del lenguaje o cualquier elemento figurativo de la lengua que desvincule el sentido de lo enunciado (que lo difiera), ni los juegos narcisistas en que se complace buena parte de la crítica posmoderna y posestructuralista actual. El debate crítico que propongo cuestiona la hermenéutica tradicional en una especie de ajuste de cuentas con los métodos normativos, las totalizaciones y las universalizaciones. O dicho de otra manera: al enfocar de manera crítica el impulso a totalizar, se rehúye el yo monológico y autoritario/autorizado, y se abre la cultura a la heterogeneidad. Desde mi propuesta, entonces, el sujeto se construye en dialogía, escapando a las clausuras y las fronteras definidas que nos encierran en jaulas de hierro. Todo ello supone la descentralización, y en nuestro caso específico, la descentralización de la cultura y los grandes monumentos y tradiciones.

Parece evidente que ninguna historia literaria moderna puede silenciar la deuda con las grandes pioneras del análisis feminista actual y la apertura hacia el signo literario, ni la crítica de una crítica que quiere pasar por verdades mentiras sostenidas por tropos retóricos.

En los últimos años (prácticamente hace medio siglo ya), surgieron problemáticas nuevas e incertidumbres antes desconocidas, y se comenzó a plantear con claridad las preguntas esenciales del *feminismo*. A Simone de Beauvoir (1949) le cabe el reconocimiento de adelantada en nuestra modernidad más cercana, al formular en su texto *canónico* que la definición de una mujer sobre su propio yo comienza por afirmar: «Soy una mujer». Aquí se inicia la división de los sexos y la asimetría básica entre lo *femenino* y lo *masculino* como categorías históricas, analizando el papel importante que desempeña la cultura en la representación, reproducción y transformación de tales categorías. Naturalmente que Simone de Beauvoir se hace esa interrogación enmarcada por el existencialismo, que hoy en día ya ha perdido fuerza. Lo que importa, sin embargo, es que su pregunta abrió las compuertas de la heterogeneidad y de lo que hoy llamamos *Otredad*, al subrayar las claras fronteras definidas por criterios (metarrelatos) de género sexual. El binarismo crea la exclusión o la marginación.

El comenzar con Simone de Beauvoir no significa que antes no se reconocieran (si bien se describía con palabras distintas) esta asimetría y este binarismo excluyentes. Todo lector hispánico medianamente informado reconoce que sor Teresa de Cartagena, en la corte de Juan II (siglo XV), elevó tímidas protestas contra el movimiento antifemenino que se había propagado por la península desde por lo menos el siglo XIII.[3] Hemos reconocido la importancia de Leonor López de Córdoba, cuya autobiografía o *Memorias* del primer cuarto del siglo XV emergen no solo como la primera autobiografía en lengua castellana, sino que afirman el acento en lo personal, en lo cotidiano y en lo privado como autodescubrimiento de su propia identidad; y en la autorrepresentación.[4] Sabemos que Teresa de Cepeda y Ahumada desarrolló (en la medida en que le fue posible) el tema de la igualdad, y que María de Zayas puso en boca de sus personajes femeninos párrafos polémicos contra la mujer como objeto de placer. Y, más conocida aún, todo lector recuerda a Juana Inés de Asbaje y Ramírez de Cantillana, en el México colonial, y sus donairosas redondillas hoy famosísimas —«Hombres ne-

---

3. Véase el excelente libro de María-Milagros Rivera, *Textos y espacios de mujeres. Europa, siglos IV-XV*, Barcelona, Icaria, 1990, que estudia con lucidez toda esta amplia etapa histórica.
4. *Ibíd.*, pp. 139-178. Véase asimismo el breve artículo de Carme Riera, «Escritura de mujer ¿un lenguaje prestado?», *Quimera*, 18 (abril 1982), pp. 9-12.

cios que acusáis»— y que últimamente han sido re-formuladas como orígenes genealógicos de la teoría feminista.

En la modernidad renacentista, aquella pugna entre «antiguos» y «modernos» tuvo también su vertiente de discurso genérico, pues las escritoras italianas consideradas modelos ejemplares —las «modernas»—, lo eran por pertenecer el patrimonio de la propia civilización y cultura temporal; es decir, por pertenecer a un código o tradición literaria. Ya Nicolás Antonio incluirá algunos nombres de «modernas» en la primera bibliografía de la literatura española. El derecho a la formación en letras y a la escritura abrió el camino a un «feminismo literario», contra la domesticidad de la mujer.[5]

El feminismo literario tiene su propia historia desde el siglo XVI, la autorrepresentación (con matices) desde el siglo XV, y sor Juana ha sido reconocida como una de las grandes *feministas* precursoras. En inglés todo el mundo conoce a la otra «décima musa», la (norte)americana Ann Bradstreet (1612-1672), y ya antes Platón había llamado a Safo «décima musa» en un conocido epigrama. Lo que sí sabemos es que la modernidad y la institucionalización de la literatura (desde finales del siglo XVII y principios del siglo XVIII) trajeron consigo la imposición de una racionalidad instrumental y un método analítico que legitiman el mundo masculino, que se *autora* y *autoriza*. Y no se trata de que se excluyera totalmente a la mujer de la cultura dominante, sino de que cuando se la incorporaba, como *ciudadana de segunda categoría de la república de las letras*, su función era subalterna.[6]

La genealogía de «feministas» *avant la lettre* es extensísima, pero todo lector reconoce en Inglaterra a Mary Wollstonecraft Godwin, la autora de una *Vindicación de los derechos de la mujer*

5. Remito al excelente artículo de Lola Luna, «Lucrezia Marinellui y el "Gynaceum Hispanae Minervae" en la *Bibliotheca Sive Gentius Hispaniorum* de Nicolás Antinio», en *Miscelània entorn de l'obra del pare Miquel Batllori*, Barcelona, Generalitat de Catalunya, 1991, pp. 164-180. En la actualidad contamos con una extraordinaria obra bibliográfica de María del Carmen Simón Palmer en colaboración con Pura Fernández Rodríguez (eds.), *Spanish Women Writers. 1500-1900*, Chadwyk-Healey España, 1992 (en microficha).

6. Remito una vez más a Timothy J. Reiss, *The Meaning...*, *op. cit.*; véase también su *The Discourse of Modernism*, Ithaca, Cornell University Press, 1982, donde traza esta autoridad/autoría modernas.

(1792) y madre de Mary Wollstonecraft Shelley, autora de *Frank-enstein*. Y si de derechos hablamos, en España y durante el siglo XVIII surgieron también importantes revistas vindicadoras, y Josefa Amar y Borbón, zaragozana y socia de mérito de la Real Sociedad Aragonesa y de la Junta de Damas unida a la Real Sociedad de Madrid, fue defensora no solo de la educación de las mujeres, sino de sus derechos. El benedictino Feijoo no le va a la zaga en sus defensas; pero lo que nos importa destacar es el proceso de subjetividad y de sujeto que la mujer va construyendo a lo largo de la historia. El asunto que se va figurando es el derecho de las mujeres a la *cultura* y a la producción cultural.[7] O dicho de otra manera: estudiar «el otro en el discurso», las voces y las formas, y sus correlaciones, además de afinar el oído para comprender cuándo el sujeto que escribe y nos habla desde el texto es una mujer (no hago sino parafrasear a M. Díaz-Diocaretz).[8]

Sabemos que el feminismo moderno cobró impulso en el siglo XIX, con las «románticas», que le marcaron el género sexual al liberalismo paternalista, del cual todos somos herederos en este final del siglo XX. Por entonces se desarrolló una forma particular de autobiografía que afirma la identidad frente al mundo domesticado y privado, y que difícilmente admitió la irrupción de la mujer en la esfera pública.[9]

No hay que olvidar que la historia literaria tradicional, por supuesto, se ha ocupado de la producción cultural de las mujeres; baste recordar la multitud de estudios y comentarios sobre santa Teresa, sor Juana misma, Fernán Caballero, Rosalía

---

7. Remito al libro de María del Pilar Oñate, *El feminismo en la literatura española*, Madrid, Espasa-Calpe, 1938, que merecería ser más difundido. Véase la compilación de textos en Amalia Martín Gamero (intr. y comentarios), *Antología del feminismo*, Madrid, Alianza, 1975.

8. Véase la síntesis de varios trabajos en inglés e italiano sobre *texto social* y el *sociotexto*, «El sociotexto: el entimema y la matriherencia en los textos de mujeres», en M.-Pierrette Malcuzynski (ed.), *Sociocríticas. Prácticas textuales. Cultura de fronteras*, Amsterdam, Rodopi, 1991, pp. 129-144. Me parece imprescindible subrayar que todo el desarrollo del texto social y el sociotexto (asentado en una lectura atenta y re-acentuada de Bajtin) es indispensable para repensar la literatura conscientemente feminista.

9. Véase Noël Valis, «La autobiografía como insulto», *Dispositio*, XV, 49 (1992), pp. 2-24. Se centra en la relación poetisa y aldea en Carolina Coronado y Vicenta García Miranda.

de Castro, Emilia Pardo Bazán, Rosa Chacel, María Zambrano. Pero no se trata solamente de agregar algunos nombres de mujer a la historia de la cultura, ni tampoco de estudiar los *márgenes* como un orden establecido y de alguna manera aceptado (a la manera del pluralismo posmoderno hegemónico). Una historia literaria como la que nos proponemos realizar afirmará no solo la producción cultural de las mujeres, sino la prioridad de la interpretación crítica de los textos literarios desde el margen y la *diferencia*, como actividad desmitificadora y descentralizadora que aspira a reconocer el conflicto de discursos (y proyectos de futuro) de los textos culturales. Formalmente, se intenta no solo reconocer el funcionamiento del poder en los textos, sino las formas de subjetividad de identidades que se proyectan en el manejo de los géneros discursivos y en los cánones.

Parto de la hipótesis de que el discurso genérico es un *constructo* o *construcción*[10] cultural histórica, de que la inscripción del *género sexual* (el discurso genérico o sexuado)[11] es una forma de representación (o imagen creada por el lenguaje desde un punto de vista axiológico) realizada con la ayuda de la palabra y que está íntimamente ligada a la formación de identidades e identificaciones colectivas. La *representación* (o «ilusión referencial», como veremos) forma parte de las figuraciones de la palabra, de donde provienen todos los significados culturales. El discurso referencial ha sido central en la modernidad occidental; al plantear la práctica cultural en términos de reflejo o reproducción de la formación social, forma parte del dispositivo del gran relato liberal (burgués) y su proyecto

---

10. Estoy totalmente de acuerdo con mi amiga Lola Luna en que *constructo* y/o *construcción* dejan mucho que desear como términos. Sin embargo, el alcance de su difusión en muchas lenguas (inglés, francés, italiano, holandés, alemán) hoy día impiden que demos rodeos buscando nociones más afortunadas. En concreto lo que significa es una *ideación* o *ideologismo* creada con palabras o discurso para establecer relaciones con el mundo de lo real. Podríamos incluso decir que es la imagen de un horizonte social, de un ideologema, unido a su palabra.

11. Empleo el término *discurso genérico o sexuado* siguiendo a Amelia Valcárcel, *Sexo y filosofía. Sobre «mujer» y «poder»*, Barcelona, Anthropos, 1991. Véase también Cèlia Amorós, *Hacia una crítica de la razón patriarcal*, Barcelona, Anthropos, 1985. Este libro representa un buen conjunto crítico.

de uniformidad.[12] Conviene aquí hilar fino: nos incumbe leer de diversas maneras todo lo relacionado con la sexualidad biográfica y las representaciones de lo sexual; es decir, todas las posiciones subjetivas determinadas y las figuraciones textuales del cuerpo. El discurso sobre el cuerpo (la mujer, en nuestro caso) es siempre un punto de vista con significación social. En otras palabras, la sexualidad en el sentido preciso en que se entiende hoy día *identidad sexual*, con las representaciones que aluden a esa identidad, y las distinciones que debemos establecer entre la sexualidad y lo erótico. Esto último remite a representaciones textuales con contenidos temáticos específicos, entre los cuales el propio cuerpo es uno de ellos.

Lo sexual sería entonces *actividad social* (lo socializado), y lo erótico, su representación textual (por tanto constructo, y como tal provisorio). A Foucault debemos, claro está, las sutiles distinciones sobre la sexualidad y la historia del cuerpo como socialización. Su propuesta significa un punto de partida hacia el discurso sobre el cuerpo, y al mismo tiempo nos corrobora que en la segunda mitad del siglo XIX las prácticas sexuales se transforman en discursos (los saberes definen los que sea la perversidad, lo marginado). La noción de *sexo* hizo posible agrupar en unidades artificiales elementos anatómicos, funciones biológicas, conductas, sensaciones y placeres. El discurso sobre el sexo se convierte en regulador de comportamientos, cuyas categorías se han transformado en la experiencia misma del cuerpo. En definitiva, describe el contexto específico en que el sujeto del deseo (que forma parte de la fenomenología hegeliana) ha desempeñado un papel importante, puesto que significa reconocerse como sujetos sexuales.

En cambio, la mano de Georges Bataille nos conduce a redefinir el erotismo, como transgresión de las imposiciones (realidades y sus representaciones) hegemónicas. Todo ello nos reintroduce al problema de la reificación del cuerpo del Otro

---

12. Véase Timothy J. Reiss, *The Discourse of Modernism, op. cit.*, Son además pertinentes las observaciones de George Yúdice, «Testimonio y concientización», en John Beverley y Hugo Achúgar (eds.), *La voz del otro: testimonio subalternidad y verdad narrativa*, Lima/Pittsburgh, Latinoamericana Editores, 1992, pp. 207-228. Sus propuestas bajtinianas coinciden con las mías.

(en nuestro caso, la mujer), su transformación en objeto estético (la escritura erótica que Roland Barthes ha estudiado con perspicacia). Nos dedicamos entonces a analizar cómo funciona la mujer como imagen en los textos y como constructo social (como proyección masculina o como reflexión especular del yo masculino).[13] Esta imagen puede ser proyección masculina o reflexión especular de un yo masculino.[14] Lo importante es notar las variaciones literarias sobre el tema (ideologema) de la identidad sexual que se proyecta históricamente (las categorías y las imágenes mediatizadas de «objetividad científica» o religiosa que proyectan a nivel simbólico el canon de domesticación y el homofóbico, entre otros, de la cultura dominante que controla los medios de difusión).

Nuestra propuesta es la de leer los textos dialógicamente, lo cual significa leer, al trasluz del vocabulario opresivo y excluyente, la voz o las voces del objeto marginado y silenciado. Lo que deseo subrayar es que la retórica y los tropos de marginación se alimentan de metáforas erótico-sexuales sobre el cuerpo. De esa manera se marcan mejor los contrarios de la hegemonía dominante.

En definitiva, entonces, la *identidad* como construcción cultural no es solo un elemento suplementario, sino el horizonte de nuestra lectura e interpretación del pasado cultural y los códigos valorativos sedimentados en las proyecciones arquetípicas de la multitud de juicios y representaciones naturalizados en el pensamiento contemporáneo. Nos ocupa toda la compleja malla metafórica sobre el cuerpo y sus rizomas, que se ha textualizado muchas veces unido a mensajes de nacionalidad y definiciones de nación: es decir, el cuerpo ha proyectado históricamente identidades, naciones o sujetos nacionales; la multitud de metáforas sobre el cuerpo que se han empleado para estrechar los lazos entre cuerpo sexuado y cuestión nacional o concepto de patria.

Lo que sugiero es prestar oído al uso del lenguaje, su timbre,

---

13. El problema ha sido objeto de estudio en la literatura inglesa; véase Richard Dellamora, *Masculine Desire. The Sexual Politics of Victorian Aestheticism*, Chapel Hill, University of North Carolina Press, 1990. Valdría la pena reformular sus observaciones en el marco de las culturas en España.

14. *Ibíd.*

su entonación, sus tropos, sus imágenes, sus temas, su corporeidad. Es decir, el punto de vista que propongo no es temático, sino semiótico y político.[15] A mi vez, yo misma no haré otra cosa que sugerir una lectura de los textos maestros al trasluz, relacionando las figuraciones textuales del cuerpo y las construcciones sociales con el poder. Este tipo de análisis y su campo discursivo y teórico se orienta de manera muy distinta. Las correlaciones que se han establecido no se apoyan en las antiguas poéticas ni historias literarias, sino que tienen como finalidad revisar las teleologías, las totalizaciones y las reducciones. Se trata de formular en términos generales los instrumentos que este tipo de investigación (o de saber) ha utilizado en su marcha y ha fabricado para cumplir sus necesidades. Para abordar esta empresa, debe quedar claro que el enfoque de nuestra mirada le pregunta a un texto no solo qué *significa*, sino *qué formas de vida proyecta, qué epistemologías o conocimientos construye*, y *cómo y cuándo y quién los proyecta o reproduce*. Todo ello relacionado con el *canon*, los *géneros literarios*, los discursos, las formas de textualizar. Sobre la base de este análisis, la propuesta de una poética histórica supone participar como co-creadoras y sujetos activos, y prestar ojos y oídos al lenguaje literario (y cultural en su sentido más amplio), como un objeto saturado ideológicamente, que revela opiniones concretas sobre el mundo. Y si aceptamos que el discurso se orienta hacia el objeto, también hemos de aceptar, en el proceso de significar, la pluralidad de existencias sociales y los horizontes distintos de cada época histórica y cada género de enunciado (formas). En este conjunto, las figuraciones sobre el cuerpo, no solo cambian históricamente (la mirada es histórica), sino que cada género literario tiene sus sistemas de dialogización y de proyectar su actividad axiológica activa.[16]

---

15. En el sentido preciso que da Bajtin/Voloshinov al signo ideológico y a la situación del enunciado. Véase mi introducción a *El marxismo y la teoría del lenguaje* (trad. de Tatiana Bubnova), Madrid, Alianza, 1993. Empleo indistintamente los términos *re-acentuación* y *re-valoración* a lo largo de estas páginas. Bubnova tradujo *re-valorar*.

16. Debe quedar claro que hay diferencias entre la poesía, la prosa y el teatro, e incluso dentro de cada uno de estos géneros de enunciado: un soneto, una redondilla, una comedia o una novela no figuran el cuerpo de las mismas formas. El lengua-

Sabemos que la tradición retórica patriarcal y los paradigmas de nación y nacionalidad se han naturalizado a partir de relaciones sexuadas (la feminidad o masculinidad de los idiomas).[17] El género literario y el sexual son constructos movibles que se entrecruzan, y además parece existir una estructura binaria en la mayor parte de los géneros, que especifica una posición dominante (sin marcar) y otra reprimida. De manera que algunas clases de usuarios de la lengua (mujeres y niños, según Foucault) se marginan o excodifican como no-sujetos mediante la pseudouniversalización conferida a lo que se considera dominante (la clase dominante, adulta y masculina). Cada género (o género de discurso o «formas de hablar», según Bajtin/Voloshinov) lleva inscritas sus propias doxologías o juicios de valor. Es decir, lo que podríamos llamar premodelos de producción textual —el soneto amoroso, la novela realista, el ensayo.[18] Faltan estudios en esta dirección, sobre todo si relacionamos la función del canon con la intención de reforzar y establecer la estabilidad e identidad de una comunidad en sus proyecciones hacia el futuro. El canon asegura así las identidades e identificaciones de los sujetos nacionales; forma parte de los discursos que interpelan a posiciones de sujetos nacionales: podríamos decir que el canon es epistémico, y proyecta e intenta fijar imaginarios compartidos sobre qué sea un sujeto nacional en el horizonte del presente y del futuro.[19]

je de la presentación se transforma con cada nueva situación del enunciado. Véase Myriam Díaz-Diocaretz e Iris M. Zavala (coords.), *Discurso erótico y discurso transgresor en la cultura peninsular. Siglos XI al XX*, Madrid, Tuero, 1992.

17. Remito a mi artículo sobre Garcilaso, «The Art of Edition as the Techné of Mediation: Garcilaso's Poetry as Masterplot», en Nicholas Spadaccini y Jenaro Talens (eds.), «*The Politics of Editing*», *Hispanic Issues*, 8 (1992), pp. 52-73, y a mis sugerencias en torno a la representación del sujeto colonial desde el siglo XVII, «Representing the Colonial Subject», en René Jara y N. Spadaccini (eds.), «*1492-1992: Re/Discovering Colonial Writing*», *Hispanic Issues*, 4 (1989), pp. 323-348. En lo que respecta el siglo XIX inglés, ha tratado el tema George Mosse, *Nationalism and Sexuality: Middle Class Morality and Sexual Norms in Modern Europe*, Madison, University of Wisconsin Press, 1985.

18. Aludo a este problema en «The Art of Edition as the Techné of Mediation...», *op. cit.* Sugiero allí el sistema de valoraciones que lleva inscrito el soneto amoroso desde la escritura de Garcilaso.

19. Faltan estudios en esta dirección. Adapto el término *canon epistémico* de Walter Mignolo, «Canons A(nd) Cross-Cultural Boundaries (Or, Whose canon Are we Talking About?)», *Poetics Today*, 12, 1 (1991), pp. 2-28.

Todo discurso está lleno de futuros y de pasados, con diversas esferas ideológicas de aplicación.

Nuestras preguntas básicas apuntan a reconstruir una entidad imaginaria discursiva (el texto literario) y sus estructuras representacionales que le permiten al sujeto individual *identificarse* o *imaginar* su relación óntica (o vivida) con el mundo. El suelo sobre el que tal análisis reposa es el desarrollo de la teoría crítica en los últimos años, en el cual se entrelazan y se cruzan problemas sobre la conciencia, el lenguaje, la escritura, la cultura y el sujeto. Esta puesta en juego supone no solo cuestiones de procedimiento sino problemas teóricos. Y hemos de comenzar sobre todo por un trabajo negativo (como gusta decir Foucault): liberarse de la noción de *tradición* como canon o dogma y repensar cómo se ha construido la *diferencia* en la historia. Pero con el cuidado de que muchos de los problemas estaban caracterizados de manera totalmente distinta a lo largo de la historia: lo que llamamos *literatura* o *sujeto*, incluso *política* y *memoria* son categorías recientes que solo se pueden aplicar a la cultura medieval, por ejemplo, por «hipótesis retrospectiva».[20]

De todos modos, emplearé una serie de categorías reflexivas y de formaciones discursivas institucionalizadas que merecen ser analizadas para abordar la tarea interpretativa que propongo. En el caso presente, nuestra historia se centrará en una serie de puntos básicos, articulados entre sí:

1) la representación;
2) la construcción o constructo del género sexual;
3) la construcción del sujeto.

Podremos abordar así de forma más conveniente los problemas de canon, de juicio, de valor, de autoridad, de poder, de institución, de interpretación y de lectura. Todo ello ajustado al problema central de la *diferencia sexual* y de los constructos

---

20. Tomo el término de Michel Foucault, *La arqueología del saber*, México, Siglo XXI, 1979 (7.ª ed.), p. 35. Pero todo el mundo sabe que el concepto de «literatura» y de «sujeto» son muy recientes.

culturales que le dan apoyo. Pero insisto en que no debemos pensar en la *diferencia* como una reimplantación de la lógica de las oposiciones binarias (lo femenino definido en oposición a lo masculino), sino como una lectura anatrópica que consiste en ver cómo se inscribe, representa o proyecta esta diferencia, así como las formas de desplazar el significado.

Como primer punto es necesario hacer el inventario de las direcciones abiertas por las teorías feministas.[21] En líneas generales —y emprendo esta síntises solo para situar mi perspectiva—, las distintas corrientes de crítica feminista actual coinciden en enumerar cinco puntos centrales en las discusiones en torno a la diferencia sexual: la biológica, la experiencia, el discurso, el inconsciente y las condiciones sociales y económicas.

Como dirección de investigación, el basar la *diferencia* en factores biológicos tiene una serie de consecuencias y una historia de fracasos, ya que supone que el cuerpo es un destino inconmesurable y que cualquier intento de cuestionar los roles sexuales va contra el orden natural (o *contra natura*). Como argumento extremo, el biologismo se ha descartado, así como al centrar la *diferencia* en la *experiencia específica femenina* (la maternidad, la ovulación y toda otra experiencia biológica diferente). El argumento es que estas experiencias suponen un mundo emocional y perceptivo distinto, y por tanto las mujeres no perciben el mundo ni los objetos de la misma forma que los hombres. El término más influyente en esta dirección fue la *ginocrítica* de Elaine Showalter, toda una teoría de «subcultura literaria» sobre la literatura de mujeres, centrada en la representación (imágenes) literaria de las diferencias sexuales en un corpus de novelas inglesas escritas por mujeres en el siglo XIX.[22]

---

21. Existen muchas síntesis, entre otras véase la de Antònia Cabanilles, «Cartografías del silencio. La teoría literaria feminista», en Aurora López y M.ª Ángeles Pastor (eds.), *Crítica y ficción literaria: Mujeres españolas contemporáneas*, Universidad de Granada, Seminario de Estudios de la Mujer, 1989. Asimismo Cèlia Amorós ha establecido sus puntos de desacuerdo con las teorías de la diferencia (francesa, sobre todo).

22. Elaine Showalter, *A Literature of Their Own: British Women Novelists from Brontë to Lessing*, Princeton, Princeton University Press, 1977. No es mi propósito remitir a toda una bibliografía del feminismo norteamericano o francés, sino sola-

41

Otro paso y otra dirección condujo a tipos de análisis con campos de objetos totalmente distintos. Más que el *cuerpo* se comenzó a buscar el discurso manifiesto y su presencia represiva. El análisis enunciativo, las cosas dichas u ocultas, el lenguaje efectivo, los sentidos manifiestos, las voces que habitan las palabras, la repetición, la reutilización del lenguaje y del signo. El estudio del lenguaje, de hecho, desembocó en el descubrimiento y constatación de la opresión que supone un lenguaje y un discurso dominado por los hombres (la hegemonía del patriarcado). El discurso y el poder (que Foucault ha desarrollado) supone que la «verdad» (el juicio de valor axiológico) depende de quién controla el discurso, de quién decide y de la autoridad que se acepta; si el «valor» o la «verdad» dependen de esta autoridad, entonces las mujeres estamos atrapadas en la cárcel de hierro de las «verdades» y los «valores» masculinos. Desde este punto de vista, esta variante de los feminismos polemiza y cuestiona esta autoridad y su validez, y rechaza encerrarse en el reducto cerrado de un biologismo o un *discurso femenino (écriture femme).*

A través de Julia Kristeva (por otra parte) se han difundido el psicoanálisis y las teorías de Jacques Lacan sobre el inconsciente y el imaginario; de esta manera, se asocia *lo femenino* con lo abierto, lo inestable y el juego verbal y, por lo tanto, con lo revolucionario, subversivo y heterogéneo. En contraste, lo cerrado, lo fijo y lo establecido son masculinos. El proceso de significación es el resultado de la intersección entre lo semiótico y lo simbólico; Kristeva alude a la *chora*, anterior a la figuración como lo semiótico y el nuevo lenguaje simbólico. Es una articulación móvil, donde se elaboran los impulsos heterogéneos contra la estructura monádica del sujeto. La vuelta al cuerpo (y en eso coincide con Foucault) se alcanza mediante el lenguaje poético. Como Lacan, concibe a la mujer en exi-

---

mente señalar los rasgos esenciales. Todo lector medianamente informado conoce el libro de Toril Moi, *Teoría literaria feminista,* Madrid, Cátedra, 1988, que realiza una crítica a fondo de la crítica feminista norteamericana y de la francesa. Remito además a una valiosa testina de licenciatura de Lola Luna, que pasa revista (antes que Toril Moi), a las corrientes de la crítica feminista, *Fundamentos para una sociocrítica,* Sevilla, Universidad de Sevilla, 1985, sin la teleología política que caracteriza a Moi.

lio del lenguaje: el imaginario como fase pre-edípica que precede la adquisición del lenguaje y el mundo de lo simbólico,. regido por la Ley del Falo.[23] En otros casos, *parler femme* connota la pregunta de si es posible que el lenguaje pueda significar las experiencias de la mujer, puesto que tanto el lenguaje cuanto la cultura están determinados y saturados por el patriarcado. Luce Irigaray (que parte del psicoanálisis) induce a sus lectoras a cuestionar el sistema referencial mismo, mientras Hélène Cixous sitúa la *écriture féminine* y la creatividad en lo imaginario.

Este planteamiento es frecuente entre muchas feministas francesas y norteamericanas; por desgracia, a menudo se parte de estos paradigmas para analizar la literatura hispánica sin preocuparse en absoluto de la validez de esos modelos que se aceptan como *canónicos*.[24] Es decir, sin pensar en la especificidad del mundo de la cultura en la península ibérica y las instituciones (Iglesia [inquisición, censura], Estado) que han permitido registrar, conservar y reproducir los discursos que traducen pensamientos y saberes constituidos antes, con los cuales se polemiza o a los que se acepta transformándolos.

Finalmente, el análisis de las diferencias basadas en las condiciones sociales y económicas, que en el mundo anglosajón se adscribe a la labor pionera de Virginia Woolf (*Una habitación propia*), ha inducido al análisis social y sociológico. En el mundo hispánico, Gertrudis Gómez de Avellaneda, Rosalía de Castro, Concepción Arenal y Emilia Pardo Bazán se preocuparon por problemas análogos, y un nutrido cuerpo de escritoras —que hoy conocemos mejor gracias a la labor pionera de Maricarmen Simón Palmer— ha venido formulando estas diferencias desde el siglo XIX: en los pliegues del siglo está la cultura femenina silenciada.

Si *el biologismo, la experiencia* y *el psicoanálisis* parecen li-

---

23. Julia Kristeva, *Révolution du langage poétique*, París, Seuil, 1974.

24. Aludo directamente al libro de Paul Julian Smith, *The Body Hispanic. Gender and Sexuality in Spanish and Spanish American Literature*, Oxford, Clarendon Press, 1989. He reseñado este libro en un extenso artículo, «Los hombres feministas», *Tropelías*, II (1992).

mitados para explicar *la diferencia sexual*, creo que es prioritario en nuestro replanteamiento feminista de la historia literaria el considerar no *la diferencia biológica* sino los *constructos* o *construcciones* culturales que permiten reproducirla. Llevado en este sentido, nos preocupa el problema de la identidad y de la diferencia: aquello que exhibe su propia identidad al ser, además, distinto. Esta línea teórica puede ahora formalizarse mejor gracias a la dimensión hermenéutica: sabemos que no hay percepción o conocimiento sin interpretación, y no hay construcción significativa (texto cultural) sin los procesos interpretativos y valorativos en los que se construye el lenguaje. Esta historia literaria se concibe entonces desde el punto de vista de la función lectora, de la interpretación crítica de las axiologías y evaluaciones codificadas en el lenguaje literario.

Ya Jonathan Culler, en un manual muy difundido, planteó con claridad la experiencia de la lectura y de *leer como mujer*. Una mujer lectora posee la experiencia de «ser mirada, vista como "chica", restringida, marginada».[25] Supone exponer los tópicos literarios como utilizaciones de puntos de vista *sexuales*, de *diferencias* establecidas por las fantasías masculinas (el falocentrismo), las ideologías y políticas sexuales de los textos. Sin embargo, hay toda una historia de la mujer lectora en España desde el siglo XVI, y muchos tipos de lectoras inscritos en los textos o lectoras concretas que vamos conociendo mejor gracias a las modernas categorías heurísticas y a los análisis retóricos que sin duda enriquecerán la historia cultural.[26]

En todo caso, *leer como mujer* es una orientación crítica literaria que en los Estados Unidos se interesa por la imagen visual y la *temática* significativas, y enfoca la representación de la mujer como tema de las obras literarias. Atiende a <u>las *imá*</u>-

---

25. Jonathan Culler, *Sobre la deconstrucción* (trad. de L. Cremades), Madrid, Cátedra, 1984, p. 44.

26. Véase el sugerente trabajo de Lola Luna, «Las lectoras y la historia literaria», en *La voz del silencio II. (Siglos VIII-XVIII)*, Madrid, Asociación Cultural Al-Mudayna (en prensa). Yo misma he propuesto en otro sentido la variedad de lectores en un determinado momento histórico y las estrategias retóricas que se han empleado para crear comunidades interpretativas: véase *Lecturas y lectores del discurso narrativo dieciochesco*, Amsterdam, Rodopi, 1987.

genes de las mujeres en las obras de los autores de los textos patriarcales o androcéntricos, en los periodos literarios y en los géneros. Conduce la atención hacia los mitos de las mujeres, sus representaciones, los temas y repertorios tópicos que revelan las ideologías políticas y sexuales de las obras canónicas, la simplificación del carácter de las mujeres y el lugar que esta reducción tiene en la ordenación de los valores masculinos. En este tipo de estudio sobre las imágenes de las mujeres y los estereotipos, se ha privilegiado la novela como el género representacional por excelencia, y sobre todo la narrativa «realista» o «naturalista» desde el siglo xix: la mujer en Galdós, en Clarín, en Valle-Inclán. Pero no menos importante (y abundan los análisis), la mujer en la obra de Cervantes o en el teatro de Lope, y desde luego, la representación de la mujer en la poesía erótica, de Garcilaso a Quevedo.

Las diferencias temporales saltan a la vista: no es lo mismo el mundo de símbolos codificados que revelan el riquísimo mundo de ambigüedades de los textos medievales, con sus dobles mensajes y un caudal semántico transgresor, que un texto renacentista. Si, como sabemos, a partir del cristianismo medieval aparece la intención sociocultural de anular el cuerpo, y la representación de la mujer es instrumento manipulado por los poderes y saberes, ello da paso a, por ejemplo, la anti-tradicional Celestina en el siglo xv. Y en el Siglo de Oro el cuerpo cumple otras funciones: el objeto-cuerpo está en estrecha relación con la palabra que lo nombra o alude. Lo que M. Profeti distingue como actos discursivos de nombrar, relatar, representar y aludir. Los «casos» van proliferando desde el siglo xvii y xviii hasta las formaciones discursivas y culturales de la modernidad. Desde la antropología histórica del cuerpo hasta la psicopatología sexual de fin de siglo, y en las artes eróticas textualizadas y sus relaciones con el poder en los contextos de lo prohibido. Lo que en otra perspectiva crítica he llamado la libido femenina como objeto de discursos culturales en la fantasía masculina o *imaginario moral masculino*. Los quiénes colectivos determinados por el género sexual-cultural y las formaciones epistémicas de lo que antes he llamado *sexograma* y *pornograma* (para diferenciarlos), en sus relaciones con el cuerpo y el erotismo.[27]

Todo este nudo de representaciones tópicas y de códigos de género sexual re-acentuado o revalorado con la ideología liberal patriarcal decimonónica y sus mitos y mitologías de nación-estado, y homogeneidades sociales y culturales, nos lleva de la mano al *cuerpo*: cómo se tematiza, fetichiza o se convierte en tópico el cuerpo. El canon del texto imperialista y monológico del patriarcado —que se refuerza a lo largo del siglo XIX— permitía fortalecer los ideales liberales burgueses: ese sujeto centrado de una sola pieza que hoy se le adscribe al *sujeto cartesiano*, que en realidad informa acerca de lo centrado en la propiedad individual (además de validar la teoría cientificista que enuncia que la verificación de la «verdad» está en el mundo de lo objetivo). Por otra parte, sabemos hoy que los discursos y saberes sobre el cuerpo, que proliferaron durante el siglo XIX, marcan su objetividad y autoridad científica con la distancia, que he llamado teocoscópica o desde la cima, y con el énfasis en la diferencia. Naturalmente que el naturalismo es el discurso preferido; el recurso del narrador privilegiado que nombra las enfermedades sociales e introduce el cuerpo en el círculo focal de su propia representación.[28]

El asunto de la *representación* está ligado a múltiples problemas: en primer lugar, el «hablar por el otro», que significa el reconocimiento del lenguaje propio como centro semántico-verbal único del universo ideológico (y me inspiro, en otra dirección, en Bajtin, «La palabra en la novela»).[29] Analizar la *representación* desde estos supuestos significa la descentralización semántico-

---

27. Vuelvo a remitir a M. Díaz-Diocaretz e I.M. Zavala, *Discurso erótico y discurso transgresor, op. cit.*, y en particular a la introducción de M. Díaz-Diocaretz, «El misterio entre el comunicar y el no querer o no poder decir», pp. 1-9.

28. El tema merece estudio; remito a mi trabajo «Arqueología de la imaginación: erotismo, transgresión y pornografía», en *Discurso erótico y discurso transgresor, op. cit.*, pp. 155-182, leído originariamente en un seminario sobre el erotismo organizado en la Universidad de Utrecht en 1988. Es interesante también el libro de Josefina Ludmer, *Onetti. Los procesos de construcción del relato*, Buenos Aires, Sudamericana, 1977, pp. 122-125.

29. Mijail Bajtin, «La palabra en la novela», en *Teoría y estética de la novela* (trad. de H.S. Kriukova y J.V. Cazcarra), Madrid, Taurus, 1989.

verbal del universo ideológico, y el absolutismo de la lengua unitaria y única del mundo homosocial del patriarcado. Descentrar este lenguaje supone leer al trasluz un grupo social fundamentalmente diferenciado, al mismo tiempo que sacar el lenguaje unitario de su autosuficiencia. Se trata de un viraje muy importante, así pensado, sobre los destinos de la palabra. Una crítica feminista atenta a las formas de absolutismo verbal (las formas de representar al Otro) libera de la autoridad del lenguaje, y este pierde la facultad de ser percibido como mito, y lo que es más importante, como forma absoluta del pensamiento. Todo esto es aceptable, naturalmente, si partimos de la idea de que el lenguaje —medio privilegiado de la literatura— es material.

Los géneros retóricos son los que transmiten la palabra ajena (y extiendo *palabra* a la representación del Otro), y hoy ha quedado claro que la retórica no es independiente de las garantizadas «verdades» sobre el mundo; que no es independiente de las mentiras (lección del posestructuralismo actual). Así pues, en la palabra objetivada de la representación está materializado el sentido (y las valoraciones). Todo este entramado de representación del Otro puede entonces beneficiarse con un enfoque dialógico, que incluye tanto la valoración como la respuesta. Finalmente, la palabra autoritaria se transmite mediante estas representaciones.

Una de las formas de la representación, naturalmente, son las visiones o ideologías sexuales del *cuerpo*, las visiones fálicas y las crudezas o deslizamientos agresivos de la visión del cuerpo en la historia. Lo que Foucault estudió como historia de la sexualidad y las represiones y prohibiciones que han ido modificando el discurso sobre la sexualidad.[30] Sobre todo, se estudian las mecánicas de poder que persiguen suprimir el discurso sobre el cuerpo, y cómo la implantación de la sociedad burguesa del siglo XIX tomó abiertamente a su cargo los discursos y las instituciones imponiendo reglas y juegos de poder contra la transgresión de los códigos. Las relaciones entre sexo y po-

---

30. Michel Foucault, *Historia de la sexualidad* (trad. de U. Guiñazú), 6 vols., México, Siglo XXI, 1978².

der quedaron desde entonces firmemente establecidas; los códigos sexuales y su importancia en la cultura.

Es lugar ahora de retomar el propósito de esta historia feminista: nos ocupa *la interpretación* de los textos culturales de la literatura española. Las estrategias que nos permiten desmitificar y ayudan a identificar las autoridades que hacen posibles las exclusiones, las desigualdades, los silencios, las marginaciones, las mitologías de superioridad, las identificaciones e identidades limitadas. Y como premisa básica hemos de tomar muy en serio el valor epistemológico de los textos, y cómo la legibilidad de un texto se integra en las condiciones de todo sistema semiótico. Es decir, que la literatura es *uno más entre los discursos sociales*, y que la lectura nos configura como sujetos e individuos, y ayuda a construir el contenido de la vida cotidiana y de la experiencia mediante proyecciones valorativas. El punto de partida es que un texto literario es un agente importante en la transmisión de la cultura; en definitiva nos proyecta las imágenes (identidades e identificaciones) mediante las cuales los seres humanos configuramos nuestras vidas y actitudes, que se le comunican y transmiten a las generaciones posteriores.

II. Evaluaciones genéricas sexuadas (*Gendered Evaluations*)

Parto de un término propuesto por Myriam Díaz-Diocaretz en 1992 —que se desarrolla en la tercera sección de este libro— para replantear el problema de la interpretación de los textos de cultura.[31] *Interpretar*, por otra parte, supone un acto de *comprensión* que lleva más lejos al *acto de lectura*, puesto que implica la actividad y dinamismo que posibilita la práctica social.

Si se ha señalado que el *biologismo* o el determinismo genérico es limitado, lo es también el término *sexo* (sexo femenino, sexo masculino), lo que nos induce a emplear el concepto *género sexual*, término crítico que designa la identidad sexual y sus

---

31. Llevo así más lejos la propuesta de Jonathan Culler sobre *leer como mujer*.

características asociadas. O dicho de manera aún más clara: la identidad sexual adquirida culturalmente, en definitiva, una *construcción* o *constructo* cultural. Está implícito que analizar la literatura desde el punto de vista del *género* no significa homologar la identidad sexual con el sexo biológico y un determinismo genético. En otras palabras, que el sexo biológico no necesariamente es identificable con las características normativas que se le asocian, i. e., la mujer pasiva, la mujer atada a la pata de la cama, el hombre emprendedor, «un tú o un yo líricos» marcadamente femeninos en la poesía erótica. Todo lo contrario: *el género sexual es un constructo cultural, social e histórico*, y distinto de la construcción de *sexualidad* o del discurso sobre el placer y el deseo. Por tanto, la sociedad, la historia y la cultura definen el género y sus características, no la naturaleza. Así pues, por naturaleza los hombres no son emprendedores, científicos, creadores de cultura o monopolizan el placer y el deseo, y la mujer está reducida a la «carencia» y a cultivar las lágrimas y a la espera, como la «mal maridada». Este tipo de crítica desempeñó un papel importantísimo, y es distinta a la que aquí propongo. Pero volveremos sobre ello al aludir a la dialogía.

Y bien: todos estos constructos reforzados durante el siglo XIX burgués son ya difíciles de sostener. Lo que una práctica lectora feminista sugiere es la *lectura doble* de tales constructos, que demuestre, por una parte, los constructos mismos y su formación, y, por otra, las posibilidades de una cultura de resistencia, cuya práctica induzca a cuestionar el poder (los poderes, más bien) la autoridad, y que favorezca lo que se denomina un relato legitimador. Es decir: ser autoras de nuestra propia novela; pero además, desmitificar y desenmascarar las prácticas que se han guardado como testimonio de una identidad nacional mantenida en las instituciones (entre ellas la literatura y la crítica literaria) que en una sociedad determinada permiten conservar y reproducir esos discursos sobre «el gran libro mítico de la historia» (en afortunada frase de Foucault).

En este sentido de cuestionamiento de los poderes, la deuda con Michel Foucault ha sido importante. Pero no solamente el discurso o los discursos del poder (hilo central de su textura teórica), sino además las ideas del francés en torno a la *sexualidad*, en particular lo que concierne a la emergencia y desarrollo de una noción de *identidad sexual* distinta a la categoría de género (Foucault no toma en cuenta el discurso genérico). Si la categoría o constructo de género es consistente con los códigos binarios y reductores, la identidad sexual no depende de ellos, aunque también sea una categoría social (y no solo individual o psíquica). El binarismo que la deconstrucción ha ayudado a fijar —«cultura femenina y cultura masculina»— es preconstruido.[32] Ambos, en todo caso, se pueden historizar como formas de identidad y como instituciones; lo que Foucault ofrece en su *Historia de la sexualidad* es una periodización de las represiones desde la emergencia de la burguesía que reduce el deseo a la función reproductora para afirmar la familia. Así, poder, saber y sexualidad se relacionan y entremezclan para fortalecer toda una nueva economía en los mecanismos del poder, o del gran relato de la burguesía liberal emprendedora.[33] Foucault nos abre el camino hacia el análisis de los esencialismos de la sociedad burguesa, que «naturalizan» la subordinación de la mujer, pero asimismo la marginación y subordinación de otras etnias y clases sociales (los Otros demonizados, que forman el festín canibalístico de las totalizaciones y utopías *monológicas*).[34]

Este sistema represivo refuerza todas las prácticas y regulaciones sexuales (*patria potestas* y derechos a la vida) e impulsa el desarrollo del vocabulario o discurso genérico, los binarismos excluyentes, las distinciones entre lo público y lo privado

32. Remito al interesante artículo de Ruth El Saffar, «La literatura y la polaridad masculino/femenino», en Graciela Reyes (ed.), *Teorías literarias en la actualidad*, Madrid, El Arquero, 1989, pp. 229-282.

33. Michel Foucault, *Historia de la sexualidad, op. cit.*, vol. I: *La voluntad del saber*.

34. Se observará que sugiero que el patriarcado se apropia de la otredad de la mujer sustituyéndola por la propia. Ya antes he propuesto una definición del discurso monológico, véase I.M. Zavala, «El discurso canibalístico sobre el Nuevo Mundo», *Acta Poética*, 12 (1991), pp. 5-36, conferencia en julio de 1991 en Manchester, IV International Bakhtin Congress. Posteriormente M.-Pierrette Malcuzynski propone algo semejante en su formulación de una sociocrítica feminista, «Reflexiones sobre un feminismo sociocrítico, o la dificultad de decir "yo"», en *Actas del II Congreso Internacional de Sociocrítica*, México, Universidad de Guadalajara (en prensa).

y la domesticidad de seres reducidos a la interioridad: el «ángel del hogar».[35] Se sexualiza a la mujer ociosa, a la virtuosa matrona doméstica como centro de la familia burguesa; así pues, hablar de un tipo específico de «sexualidad femenina» es caer en una de las trampas del gran relato burgués, en sus formas de representación y en su discurso genérico —recordemos que la representación es la imagen del cuerpo a través de refractaciones del lenguaje.

Con lo dicho anteriormente, ni el biologismo ni el esencialismo pueden aceptarse pasivamente, pero igualmente importante es distinguir entre *sexualidad* y *discurso genérico*, que si bien están ligados y se refuerzan mutuamente, no son lo mismo. Aún más importante (y difícil) es no caer en la trampa de suponer que los textos escritos por mujer producen un tipo de subjetividad diferenciada sexualmente, distinta a los que producen los textos masculinos; o que la sexualidad (el deseo) sea masculino y el discurso genérico femenino. En otras palabras, que exista un lazo naturalizado entre discurso genérico y agencia sexual, i. e., que si la mujer burguesa es objeto de vigilancia escópica, el hombre burgués es por naturaleza el agente activo del deseo y el placer en la cultura occidental moderna.[36] Además y repitiendo lo anteriormente dicho, que la *identidad sexual* es siempre provisoria o relacional, que depende de una red retórica y del poder posicional del lenguaje (enseñanza de Paul de Man).

La gran deuda del feminismo con Foucault es justamente su planteamiento sobre los discursos y sus relaciones de fuerza: su productividad táctica (que efectos recíprocos de poder y

---

35. Volveremos sobre todo ello, en particular al retomar la novela burguesa. Véase el artículo de Bridget Aldaraca, «"El ángel del hogar": The Cult of Demoesticity in Nineteenth-Century Spain», en Gabriela Mora y Karen S. Van Hooft (eds.), *Theory and Practice of Feminist Literary Criticism*, Ypsilanti, MI, Bilingual Press, 1982, pp. 62-87. Todos estos estudios sobre la domesticidad surgieron a partir de la propuesta de Elaine Showalter.

36. El problema es central en la teoría feminista y causa no pocas confusiones. Se han dedicado múltiples estudios entre las feministas anglo-americanas y las inglesas centrándose en esas literaturas: lo que se viene a llamar deseo y domesticación (carencia, en términos lacanianos). Un buen recuento de los debates aparece en Lisa Moore, «"She was too fond of her mistaken bargain": The scandalous relations of gender and sexuality in feminist theory», *Diacritics*, 21, 2, 3 (1991), pp. 89-101.

saber aseguran) y su integración estratégica (la coyuntura o relación de fuerza que hace su empleo necesario).[37] Es decir, la interrelación de los dispositivos discursivos.

Lo que nos debe quedar claro en este recuento es que privilegiar la identidad sexual o privilegiar el discurso genérico como identidad y subjetividad son formas de totalización. Ambos dependen de contigencias históricas (el dispositivo cronológico de que nos habla Foucault que nos permite captar las instancias discursivas). Es decir, que toda experiencia personal debe situarse en su contexto —la identidad (ligada a posiciones de sujeto, como veremos) se interpela desde distintas instituciones y en momentos distintos. La categoría no se puede hacer extensiva a todas las épocas históricas, razas o clases sociales: existe una política de identificaciones, e instituciones que proyectan construcciones sociales de identidad e identificación. Un discurso genérico normativo no sirve por igual como identidad institucionalizada a una esclava negra en el siglo XIX, a una gitana en la España actual, o a una judía en la Alemania nazi o en la España franquista. En este sentido, podemos alegar que hay «identidades imaginarias».

Atendiendo a este espinoso problema de las diferencias entre ambas categorías (sexo y género), me parece importante tomar en cuenta el término, que Díaz-Diocaretz propone, de *evaluaciones genéricas sexuadas* (enunciadas o no enunciadas) al analizar los juicios de valor sobre la poesía escrita por mujer a lo largo de la modernidad más reciente. El concepto distingue entre ambos constructos al mismo tiempo que demuestra cómo se unen en un bloque táctico los efectos de poder y saber de una manera móvil. Enmarcada en esta táctica la percepción normativa, la crítica reconstruye un mundo tradicional y contribuye a reforzarlo, y de hecho sirve para apoyar la marginación y el silencio. Este encuadre genérico y sexuado de autoridad es la norma que rige las historias de la literatura donde (con excepciones, y sobre todo las excepciones mencionadas) se guarda casi un absoluto silencio.

---

37. Michel Foucault, *Historia de la sexualidad, op. cit.*, vol. I, p. 124.

Pero este encuadre es también la norma en la propia producción cultural de las mujeres, pues el *canon* lleva inscrito el mundo patriarcal. Tomemos como ejemplo el soneto en el siglo XVII; desde el petrarquismo al garcilasismo, el soneto amoroso canónico describe un cuerpo femenino objetivado y fetichizado mediante una óptica o mirada masculina, al mismo tiempo que se vale de un vocabulario amatorio cortesano tradicional donde confluyen ideas sobre la nación, el estado, la lengua. Limitada por este canon, sor Juana hubo de hacer malabarismos por arrancar su poesía cortesana amatoria de estas normas y autoridades, si bien en muchas ocasiones empleó el canon objetivado masculino.[38]

Aunque en su propuesta Díaz-Diocaretz se centra en la poesía modernista hispanoamericana, podemos reacentuar el término para analizar las formas de criterios selectivos, las ausencias y los silencios en la literatura española. Esta forma de evaluación genérica ha llevado a los críticos y antólogos a llegar a definiciones marcadamente genéricas de cierta gama temática que le adscribe a las mujeres: la maternidad, el amor, la muerte, el dolor. Ambos constructos se unen tácitamente para definir la subjetividad y producción cultural de la mujer. Es decir, que un tipo diferenciado de subjetividad e identificación sexual y genérica conduce a regímenes de discursos y a modelos temáticos (ideologemas) específicos.

No entraré ahora (para no repetirme) a subrayar que las palabras dependen del *uso* y del contexto situacional en el cual se enuncian. Como consecuencia lógica, y por tanto, ningún tema o tópico le pertenece o lleva la impronta de un sexo determinado: la maternidad ha sido tema en Galdós, en Unamuno, en Valle-Inclán, en García Lorca, desde miras y objetivos totalmente distintos e incluso opuestos. Y el amor, el sexo y la muerte figuran entre los temas más conocidos desde por lo menos la Biblia. Los temas no están marcados genéricamente ni son epifenómenos sexuados, si bien razones culturales e históricas permiten explicar por qué ciertos ideologemas han sido más frecuentes entre las

---

38. No deja de tener cierta gracia que José Agustín Goytisolo, en *La noche le es propicia* (38 poemas amorosos; en prensa), invierta el papel (constructo) de la mujer y el hombre, y este se convierta en hombre «objeto» pasivo mientras la mujer adquiere la iniciativa.

escritoras. En este sentido Virginia Woolf dio en el clavo al subrayar la «herencia» de la mujer, lo que ha recibido, y la diferencia del punto de vista y de los esquemas.

Una vez aclarados los problemas centrales en torno a la subjetividad, la sexualidad y el discurso genérico, es necesario seguir adelante para plantear la *doble lectura* y la sospecha que se adelanta mediante las teorías feministas. La teoría crítica feminista que propongo puede abordarse quizá de modo más conveniente a través de dos conceptos centrales, que re-acentúo de manera distinta: *lo simbólico* y *lo imaginario* (el narcisismo infantil y la socialización lacanianos). En Jacques Lacan —comentador de Freud y que se ha convertido en padre del psicoanálisis posestructuralista— *lo simbólico* registra la estructura del inconsciente, lo cual significa que el *sujeto* se determina de acuerdo a una ley u orden, cualesquiera sean las figuras imaginarias con las cuales se identifica.[39] Esta ley es jurídica, religiosa (la ley del Padre, por ejemplo). En cuanto término polisémico también connota un registro de valores, o de bienes, o de competencias; signos de riqueza o signos de autoridad que adquieren valor social y eficacia simbólica.

Cada cultura posee una *economía simbólica* general, compuesta por los múltiples signos que excitan el deseo, el temor, la agresión, el amor. El lenguaje toma el material simbólico de una zona de la cultura a otra, aumentando o reduciendo la fuerza de los signos, alterando su significado, relacionándolo con otros materiales simbólicos tomados de otras zonas.[40] Hay una dimensión simbólica en la práctica social, al mismo tiempo que una dimensión social e histórica en la práctica simbólica.

---

39. En español existen traducciones de Lacan, y su influencia en el mundo hispánico ha sido más notable en la Argentina. Personalmente, creo que el lacanianismo es centralmente antifeminista, puesto que reduce a la mujer a la «carencia», y nunca entra en el mundo de lo simbólico, que sería la cultura. Últimamente se ha puesto de moda en cierto tipo de hispanismo de tendencia modernizadora en Inglaterra y en los Estados Unidos. No obstante mi actitud crítica, parece evidente que los planteamientos lacanianos son fundamentales.

40. Resumo y adapto ideas de la definición de Stephen Greenblatt, «Culture», en Frank Lentricchia y Thomas McLaughlin (eds.), *Critical Terms for Literary Study*, Chicago, The University of Chicago Press, 1990, pp. 225-232.

El lenguaje, por tanto, tiene efectos simbólicos y su eficacia simbólica deriva de las formas de denotar y connotar los conceptos. En la economía de intercambio lingüístico, las imágenes y el vocabulario revelan relaciones de fuerza entre los interlocutores. Los textos literarios son, en este sentido preciso, socialmente simbólicos y proyectan imaginarios en un espacio social determinado.[41] O dicho de una manera más clara: extiendo el término de *poética* para incluir lo imaginario a un proyecto de heterogeneidad social.

Si en nuestro esquema interpretativo repensamos la producción cultural como proyecciones imaginarias que permiten desenmascarar o desmitificar los valores simbólicos representados por ciertos arquetipos investidos de autoridad, quiere decir que una crítica feminista puede lograr una operación radical de intentar hacer ver las recurrencias, las restricciones y las funciones de las reglas prescriptivas del discurso social. Los textos culturales son proyectores de identidades sociales, de subjetividades, de *taxinomias* y juicios valorativos (*doxa* y *axiología*) que es necesario re-examinar y re-apropiar. La *teoría feminista* —como su nombre lo indica— es un programa de percepción y de interpretación encaminado a modificar la realidad social al modificar la representación que hacen los agentes.

De esta forma, un texto literario (o un artefacto cultural) es un acto socialmente simbólico, que proyecta imaginarios sociales de identidad e identificación. Un texto literario así concebido proyecta en el plano simbólico una serie de identificaciones o identidades, que o bien reducen y recortan la subjetividad o bien permiten la lucha colectiva por la libertad y la emancipación.[42] Lo que ya he definido como heterogeneidad social y reconocimiento del Otro.

---

41. En este punto central está de acuerdo buena parte de la crítica estructuralista y posestructuralista. Sirva de ejemplo el estudio de Lévi-Strauss sobre los bienes simbólicos y el intercambio.

42. He desarrollado a fondo esta propuesta en múltiples trabajos anteriores; véanse en particular mis libros sobre Unamuno (*Unamuno y el pensamiento dialógico. M. de Unamuno y M. Bajtin*, Barcelona, Anthropos, 1991) y sobre M. Bajtin (*La posmodernidad y M. Bajtin. Una poética dialógica*, Madrid, Espasa-Calpe, 1991), entre otros textos.

Lo que sean un *constructo genérico* o *un constructo de sexualidad* debe haberse aclarado a lo largo de estas páginas. En primer lugar suponemos que es una forma de *representar* al Otro (otro que yo) mediante una serie de características que se le adscriben como leyes naturales. Como constructo, la mujer se describe a partir de una serie de reducciones y cualidades, en relación con discursos autorizados o con fantasías masculinas. Los textos ofrecen mediaciones concretas que constituyen puntos de transmisión que producen o institucionalizan la subjetividad de los grupos dominantes al mismo tiempo que replican y reproducen los intereses que legitiman. Pensemos como *constructo genérico* la «divina» Elisa de los poemas cortesanos, que se opone siempre a la putana, a partir de un binarismo que opone lo bueno / lo malo, la virtud / el pecado, la rubia / la morena, arriba/abajo. En este sentido preciso tan constructo es Elisa cuanto la Juana lopesca, que son en realidad constructos estratégicos para el sujeto patriarcal constituido y centrado en un yo monádico.

Volvamos sobre otro ejemplo: *el cuerpo* como objeto de focalización o «punto de vista» masculino y un uso particular del discurso; por tanto, los cuerpos están saturados de voces y de *estereotipos*. Entre los múltiples estereotipos no faltan, claro está, los simbólicos: la ropa, las joyas, los vestidos, las fruslerías, la chismografía, el apetito sexual. Todas estas *obsesiones* son estereotipos culturales que se proyectan en los textos del patriarcado: en los peores momentos de misoginia se representa a la mujer como *ignorante*, solo apta para la maternidad, o bien obsesionada por los signos externos. El mundo de la economía simbólica de los textos patriarcales está determinado por un rizoma de estereotipos y fantasías culturales, que a menudo, como un *boomerang*, nos revela los constructos psicológicos de la psiqué masculina.[43] El cuerpo se transforma así en objeto voyerístico o fetichista, que invita a intercambios eróticos con los espectadores masculinos.

En las pinturas, el *espejo* justamente sirve para esta función: invita a que se la contemple como objeto; *objeto de vani-*

---

43. Razón no le falta a Lou Charnon-Deutsch, *Gender and Representation*, Amsterdam/Filadelfia, John Benjamins, 1991, al ligar las imágenes periodísticas con estos símbolos estereotipados en el siglo xix.

dad, para sí misma y, sobre todo, para «mostrarse» al Otro.[44] Todo este entramado sociocultural impide, obviamente, la transferencia acrítica de modelos y paradigmas de otras culturas: no se mira igual en Inglaterra que en España, no se desea de la misma manera, ni los estereotipos son, por tanto, los mismos. Tampoco la constitución del sujeto se hace mediante los mismos procedimientos, puesto que ni los signos, ni las imágenes forman una organización mundial.

Este es el contexto en que puede re-examinarse este objeto voyerístico o fetichista que es el cuerpo como constructo (nudo o rizoma de estereotipos). Es evidente que la función ideológica del *cuerpo* nos permitiría replantearnos, por ejemplo, un importante procedimiento retórico: la ecfrasis. Parece evidente que mediante operaciones ideológicas tal procedimiento (frecuente en el Siglo de Oro) nos obliga a mirar el carácter simbólico de unificación en una perspectiva en que las prácticas culturales se ponen al servicio ideológico: el ojo que mira, o el llamado *object petit à*, de Lacan.

Este es el contexto en que puede re-examinarse con provecho la representación de la mujer en la novela realista, por ejemplo. El contraste entre *el constructo genérico* galdosiano y la transgresión de estos constructos en Valle salta a la vista. Y no es que la novela decimonónica occidental (y claro, la escrita en castellano) esté centrada en la mujer, si bien buena parte de las grandes novelas realistas llevan el nombre de una mujer por título, sino que en el plano simbólico legitiman la sujeción y domesticación de la mujer a partir de los valores del sujeto masculino burgués.[45] Puede decirse entonces que este constructo es una especie de determinante textual que produce e institucionaliza la subjetividad del individuo burgués. Y podemos añadir que para ello el novelista se vale de todos los discursos que circulan en la socie-

---

44. Remito el excelente libro de John Berger, *Ways of Seeing*, Londres, Penguin, 1985.

45. Además del artículo de B. Aldaraca, *op. cit.*, y el libro de Charnon-Deutsch, *op. cit.*, véase Alda Blanco, «Domesticity, Education and the Woman Writer: Spain 1850-1880», en Hernán Vidal (ed.), *Cultural and Historical Grounding for Hispanic and Luso-Brazilian Feminist Literary Criticism*, Minneapolis, Institute for the Study of Ideologies ans Literature, 1989, pp. 371-394.

dad —del cual la literatura es solo uno, repitámoslo— para legitimar este sujeto monádico. Así pues (y es esta justamente la enseñanza de Foucault), cada texto es un conglomerado de discursos jurídicos, religiosos, médicos, doctrinarios, discursos argumentados, posiciones colectivas nacionales, valores de la sociedad, especulaciones sobre el porvenir, cuyas tematizaciones sirven para programar los hábitos de vida adaptados al desarrollo del capitalismo de mercado. Todo este mundo discursivo, que existe en *interacciones* (término de Bajtin), está en el siglo XIX unido a la idea de progreso, y un monopolio de la representación en torno a la sexualidad y el cuerpo para fijar legitimidades y validaciones que aseguren beneficios simbólicos.

Los textos nos permiten constatar «el control de la señora», y la idea generalizada de obras cerradas y objetos de representación seguros y estables. Naturalmente —y vuelvo al «realismo» decimonónico con sus variantes— que ello se convirtió con orgánico (es decir, que llegó a formar la base e ideal de la sociedad).[46] Como concepto base, y en interacciones con otras formas argumentativas, llegó a apoyar toda la lógica significante del siglo XIX. Pero claro, nadie puede hoy por hoy ofrecer una definición «liberal» de la libertad, la igualdad y el individuo sin tener en cuenta que el liberalismo estaba decididamente marcado genéricamente. Casi se podría afirmar que el liberalismo reacentúa el discurso genérico y su red de formaciones discursivas en torno al cuerpo biológico y las posiciones subjetivas determinadas. El discurso liberal da por sentado que los intereses del hombre son idénticos a los de su esposa e hijos —de ahí la cantidad de signos que se connotan y denotan mutuamente para afirmar esas «libertades».

Hemos hablado de la economía simbólica en la cultura, de lo simbólico, y he reforzado que lo *simbólico* significa «socialización». O dicho de otra manera, y repitiéndome: que existe una dimensión simbólica en la práctica social, al mismo tiempo que

---

46. Sobre el realismo en general, véase Darío Villanueva, *Teorías de realismo literario*, Madrid, Instituto de España / Espasa-Calpe, 1992. Se ofrece aquí una buena síntesis.

una dimensión social e histórica en la práctica simbólica. El «realismo» textualiza lo *simbólico*, las comodidades —y claro, una de las comodidades en el mundo de desarrollo capitalista, donde la libre competencia reina, es la mujer. La única vía de acceso al mundo masculino es el *dinero*, y debido a su dependencia económica (la falta de su propio cuarto de estar), se ve forzada a intercambiar su única propiedad privada (el cuerpo) para poder mediar en el mundo del capitalismo. El tema —caro a Galdós, y problema central en *La de Bringas*— se denota y connota mediante referencias textuales y materiales que interrelacionan el lenguaje con el cuerpo, la moda, la ropa (todo aquello que Roland Barthes llama «mitologías»). Esta «materialidad» de lo simbólico no es privilegio de Galdós, sino parte constitutiva del mundo de la *representación*, de la obsesión con lo *real* que turba al realismo occidental de Tierra del Fuego a Canarias.

Dentro de la teoría general del discurso, la legibilidad de un texto «realista» se integra en las condiciones de su sistema semiológico. La reiteración de ciertas imágenes (la mujer, el dinero, el cuerpo, la sexualidad, el hogar, la urbe) tiene un significado y sentido reducible a conceptos homogéneos, y a una relación instrumental en el horizonte hermenéutico en que se sitúa el lector histórico concreto implícito y las claves interpretativas.

Parte de la popularidad de la ficción se debió sin duda a la densidad del elemento material simbólico empleado. La pupila del autor organiza intencionadamente los elementos simbólicos en una construcción ideológica rectora.

III. **La representación**

En 1946 Erich Auerbach publicó su conocidísimo *Mimesis*, cuyo objeto es «la interpretación de lo real a través de la representación o imitación literaria occidental». La mimesis remite directamente a un capítulo de *La República* donde Platón la sitúa en un tercer rango después de la «verdad». El estudio estilístico de Auerbach busca explicar de qué forma se representa la realidad en cada fragmento escogido, relacionando cada texto con el entorno social, de los niveles estilísticos de la antigüedad (estilo alto y estilo bajo y «grotesco»), al realismo serio medieval y del renacimiento, hasta el realismo moderno decimonónico, que sitúa en Stendhal (y claro, en Balzac, Flaubert, los Goncourt y Zola).

Si hemos de comenzar por reconocer la importancia de este texto crítico, uno de los textos maestros de la crítica del siglo XX, hemos de continuar por problematizar la lectura lineal y desujetivizada de los grandes maestros de la estilística. El problema de la *representación* —tan importante para el Otro o para los Otros— es hoy por hoy uno de los conceptos centrales del feminismo y de las teorías culturales sobre la Otredad. No podemos desligar la *representación* (como ya he señalado al vincularla con el discurso ajeno y la retórica) de las formas de hablar por el Otro, de silenciar y de marginar. Y el Otro al que me refiero de manera muy específica, es la mujer.

Hilando más fino: el enunciado (texto literario), al orientarse hacia el objeto (la mujer representada), lo evalúa, y el objeto está así impregnado de ideas generales, de valoraciones y acentos ajenos. (No hago sino parafrasear a Bajtin, «El discurso en la novela».)[47] Para comenzar: la novela (desde sus orígenes más modernos en el siglo XVIII) viene ligada al desarrollo del capitalismo. No en balde Bajtin subraya que la *dialogía* y la *polifonía* se constituyen bajo las polémicas sociales (y lucha de clases) del desarrollo capitalista. En todo caso, la novela —que como todos sabemos surgió en la modernidad ilustrada al amparo de las *cartas*, las *biografías*, y las *autobiografías* (en suelo peninsular hemos de recordar a Torres Villarroel, Isla y Cadalso)— ofrece la ilusión de construir un sujeto personal, una identidad personal subjetiva y privada. Proyectan la ilusión de sujetos centrados, subjetividades de «una pieza», personas cuya experiencia social es una totalidad con el contexto social. Es decir: el sujeto unitario, centrado / propiedad privada, que instituye un espacio social donde la propiedad y la libertad e igualdad están ligadas. Naturalmente que este sujeto centrado forma parte de la revolución cultural burguesa.

Podríamos decir que *el constructo del sujeto centrado está*

---

47. Mijail Bajtin, *Teoría y estética...*, *op. cit.*, p. 94.

determinado genéricamente. La representatividad y la identidad han estado siempre ligadas a la escritura (ya aludí a Garcilaso y la formación de «lo español» como unidad imperial), y al Romanticismo en nuestra modernidad más cercana, cuando los géneros literarios emergen en relación con el nuevo concepto de patria y nación y con una serie de *evaluaciones genéricas sexuadas* (enunciadas o no enunciadas). El «yo» romántico-liberal depende, de una manera metafísico-ontológica, de una identidad nacional, de «nueva nación», al mismo tiempo que este «yo» denota y connota lo masculino y la exclusión. Este es el «yo» —el lenguaje prestado— que debe re-acentuar Rosalía de Castro, re-articulando su subjetividad y reconstruyendo un sujeto romántico desde la doble periferia de mujer y gallega.

La representación es el eje del discurso referencial (con razón Régine Robin habla de «una estética imposible»), que aspira a «reflejar» o «reproducir» la formación social. En el caso del «realismo» que nos ocupa, la realidad es un «referente ficticio» que crea «el efecto de la realidad» (como advirtió Roland Barthes hace tiempo); el realismo no es otra cosa que «un efecto», lo que M. Riffaterre por su parte llamará «ilusión referencial».[48] Y, si seguimos a De Man en su propuesta de una «retórica intencional» como estrategia, los elementos temáticos tienen el valor de estructura, pero nunca son signos con sentido referencial.[49]

Dejando de lado el espinoso problema del «reflejo» y de la concepción mimética que ve la novela como una imitación del tiempo y de la realidad (que provocó centenares de estudios lukacsianos sobre la novela realista hace algunos años), la *representación* es también un concepto polisémico, algo más complejo que la *mimesis* que planteó Auerbach.[50] Además de la descripción

48. Roland Barthes, «L'effect de réel» y «L'illusion référentielle», en R. Barthes, L. Bersani, Ph. Hamnon, M. Riffaterre, I. Watt, *Littérature et réalité*, París, Seuil, 1981, pp. 81-90 y 91-118.

49. Extrapolo en otro sentido de Paul de Man, «Retórica de la temporalidad», en *Visión y ceguera. Ensayos sobre la retórica de la crítica contemporánea* (trad. y ed. de Hugo Rodríguez-Vecchini, Jacques Lezra), Río Piedras, Editorial de la Universidad de Puerto Rico, 1991.

50. Desde supuestos distintos, tanto Bajtin cuanto De Man desmontan la concepción mimética de Lukács. Bajtin se centrará en lo que este llama ironía, y él «carna-

de un objeto o un estado, es (como ya he sugerido) *el reemplazar a una persona por otra que habla en su nombre*. Es decir: *hablar por la otra persona*. En la ideología liberal *se convierte en el dispositivo discursivo para proyectar la uniformidad formal*.[51] La representación —el hablar por la otra persona— se alcanza discursivamente mediante la textualización del mundo de lo simbólico, de la economía simbólica de la cultura. Y parte de esta economía simbólica es el lugar que se le otorga a la mujer en la producción.

Este nuevo aspecto propicia una espiral. Un ensayo de Bajtin nos conduce por otros caminos a re-examinar el problema de la representación (palabra o discurso ajeno, puesto que hablamos de la materialidad del texto literario). «Autor y personaje en la actividad estética» nos plantea de manera directa el problema de la *representación del cuerpo del Otro*. Una de las secciones se abre con una pregunta retórica: «¿Cómo se representan los objetos del mundo exterior en relación con el héroe en una obra verbal?». Para responder: «Es posible una doble combinación del mundo con el hombre: desde su interior, como su *horizonte*, y desde su exterior, como su entorno». Así, el «desde el interior» significa el contexto semántico valorativo de la vida; el objeto se *opone*, en tanto que objeto de la orientación vital (ético-cognoscitiva y práctica). En ese caso representa el momento del «acontecimiento único y abierto del ser», y ¿los objetos así concebidos se (me) oponen como objetos de mi actitud ético-cognoscitiva, en acontecimiento abierto y en riesgo. Este horizonte significa crear (un hombre íntegro) como «un valor».[52]

Lo que está aquí delineada es la perspectiva de *representar al Otro*. Como *entorno* o como *horizonte*. Ligado al problema de la «ilusión referencial» a que hemos aludido, nos indica formas de

---

valización». En todo caso, ambas —ironía y carnavalización— remiten a la ambivalencia. De Man, por su parte, se centra en la visión orgánica del tiempo.

51. Re-acentúo en otra dirección a Michel Ryan, «Deconstruction and Social Theory. The Case of Liberalism», en Mark Krupnick (ed.), *Displacement: Derrida and after*, Indiana University Press, 1983 pp. 154-168. Liga aquí la representación con el liberalismo, frecuente entre los ingleses que se dedican a los Estudios Culturales y que denotan una herencia de Raymond Williams.

52. Mijail Bajtin, «Autor y personaje en la actividad estética», en *Estética de la creación verbal* (trad. de Tatiana Bubnova), México, Siglo XXI, 1985², pp. 90-91.

ver o de *representar* al Otro; bien sea como horizonte y aconte-cimiento en responsividad o como entorno mudo, bien como riesgo. En la novela realista, el autor *representa* a la mujer, ha-bla por ella. Pero algo más. Una de las funciones adscritas a la mujer es «ser la fiel transmisora de los valores españoles» (como ha demostrado convincentemente Alicia Andreu);[53] de tal forma que estado-nación y representación de la mujer *siem-pre* han estados ligados, y en particular en los momentos claves de nuevas formaciones discursivas (como creo haber demostra-do al re-interpretar el relato maestro garcilasiano).

El cuerpo de la mujer ha sido vehículo para reforzar los valores tradicionales, cuando no es la Otra silenciada, o que permite proyectar la uniformidad formal (la totalidad de la cultura), de un sujeto centrado en los valores dóxicos homoso-ciales. Hoy sabemos que lo estético/semiótico y las formas po-líticas de representación están interrelacionados; que la repre-sentación semiótica (algo que se identifica con algo) y la re-presentación política (personas que actúan por otras) están li-gadas. Más importante aún, que la representación mediante el lenguaje es simbólica (lo que Saussure definió como la arbitra-riedad del signo), y que existe todo un mundo de convencio-nes, de valores, de evaluaciones que prescriben o «autorizan» la representación, o que la silencian, ausentan y niegan.

En este punto, *la construcción del género sexual, la construc-ción del sujeto* y *la representación* están interrelacionadas en la crítica feminista. Los textos canónicos representativos —que ha-blan por la mujer— construyen (proyectan) en lo imaginario so-cial una serie de actitudes valorativas, mediante proyecciones de identidades personales, subjetivas y privadas. La construcción de identidades e identificaciones como «el ángel del hogar» en textos que podemos llamar «literatura subliminal» que incita a identifi-car a las lectoras con la virgen núbil, respetuosa y callada madre de familia. Esta propaganda subliminal (como la he llamado en otro lugar) le impone en el orden simbólico un tipo domesticado

---

53. Alicia G. Andreu, *Galdós y la literatura popular*, Madrid, Sociedad General Española de Librería, 1982.

de comportamiento femenino a las mujeres. Los textos refuerzan la posición de los dos sexos; reproducen el deseo bien encauzado. Es decir, lo que Jacques Lacan llama «la carencia». Carencia que significa acatamiento de las leyes (la Ley del Padre) que habla por mí; la aceptación de los discursos (múltiples y diversos) que legitiman la autoridad y regulan el nivel del sujeto representado en su comportamiento y moral sexual.

La imagen de la heroína decimonónica que se construye en el imaginario social es la de la dulce y resignada esposa; o bien es un ideal carente de cuerpo visible, o si transgrede el Orden simbólico, es una protuberancia. «Viril» es el término adecuado para aquellas —como Rosalía de Bringas— que transgreden la economía simbólica; lo «viril» es toda una metáfora de historicidad. «Viril» claro, fueron Teresa Cepeda y Ahumada, Emilia Pardo Bazán, y sin duda muchas otras; la «mujer de pelo en pecho», «que fuma como un camionero», es toda una metáfora de esta transgresión, y, para integrarse a los valores de cambio, incorpora —como es sabido— pseudónimo masculino. Esta transmutación (o trasvestismo) denota la aceptación del marco de evaluaciones genéricas.

O se asimila a la mujer a los valores de cambio, o se la excluye del cuerpo social —se la demoniza. La forma más recurrida y arquetípica para representar al Otro no asimilado ha sido justamente la demonización, o la mujer «castradora». La función ideológica de estas fantasías masculinas —identificar la mujer con la araña u otros insectos, o con la serpiente, o animales felinos (mi «gatita», la «gatita blanca»)— nos revela que estas figuras arquetípicas designan que la *diferencia* parece constituir una amenaza real y urgente. La mujer que estimula fantasías de castración y devoración (como *Doña Bárbara, la devoradora de hombres*) forma parte de esa serie de multitud de oposiciones binarias naturalizadas del pensamiento tradicional. Jacques Derrida ya nos ha mostrado que funcionan para ratificar un término dominante por medio de la exclusión o marginalización del Otro; sirve para *centrar lo descentrado* por medio de la violencia escópica.

La *representación* de la mujer desde las objetivaciones y fetichizaciones de la lírica provenzal y en sus imágenes recontextualizadas se proyecta en la forma de un sistema de valores, y nos revela los hábitos mentales que se han ido sedimentando. La representación —cambiante, fluida, resbaladiza— ha constituido el vehículo ideológico y la legitimación de las estructuras concretas de poder y dominación. Particularmente reforzadas en sociedades de poder teocrático —esa red de discursos institucionalizados a que hemos hechos referencia—, estas formas figurativas pueden tomarse como síntomas o testimonios de las modificaciones y los cambios de la experiencia del sujeto en la historia. La mujer es un *constructo diacrónico*, una especie de construcción intertextual, basada en la identidad y en la persistencia, pero que también registra ausencia determinada y significativa.

La *representación* de la mujer, en la ideología de su forma misma, sedimentada, persiste como mensaje genérico e informa lo que conocemos como *canon*: es decir, las reglas o leyes y la norma autorizada. John Guillory nos recuerda que el término, tan importante en la crítica literaria y cultural, apareció en el siglo IV a. de C. para significar una lista selecta de libros y autores, especialmente la Biblia y los primeros teólogos del cristianismo.[54] Connota, pues, un principio de selección mediante el cual una serie de autores o textos merecen preservarse más que otros, a los que también denominamos *clásicos*. Son los textos que hoy día llamamos *textos maestros*. Justamente la *canonización* (concepto que tiembla de contenido religioso) es uno de los blancos de las teorías críticas contemporáneas, entre ellas el feminismo. Lo que se cuestiona es la supuesta validez objetiva de tales juicios valorativos o axiológicos, que esconden una agenda política: la exclusión o el silencio de grupos humanos como representación del canon literario hegemónico.

El canon implica un proceso de selección y exclusión, y supone a su vez una serie de instituciones que *forman el canon*, entre otras, naturalmente, la escuela y la Universidad. Los críticos literarios somos *agentes* que ayudan a formular el canon y sus exclusiones o reducciones. Otras formas institucionalizadas son las historias literarias, las ediciones de los textos, los estudios litera-

---

54. Stephen Greenblatt, «Canon», en *op. cit.*, pp. 233-250.

rios o culturales, los diccionarios, las enciclopedias, las reseñas, las academias, los premios. En fin, todo el mundo académico, editorial y cultural que ayuda a diseminar y reproducir la cultura, entendida como *el repertorio de creencias, prácticas, modelos, signos y símbolos que conforman y limitan el comportamiento social del individuo*. Todo ello enlaza la formación del canon con la lectura, y con la historia de sus concreciones históricas.

La historia de la *reproducción* de los textos está ligada a las formas e instituciones que los preservan, reintroduciéndolos a las nuevas generaciones de lectores, re-activando sus mensajes en cada contexto situacional (término bajtiniano) por medio de renovadas interpretaciones. Cada generación re-apropia el mensaje, lo reintroduce y lo transforma. En la historia de las concreciones textuales, los textos adquieren nuevos contenidos y significados. En este sentido preciso, la tarea de revisión del pasado cultural, que confronta el feminismo, es esencial para estudiar las formas en que las sociedades se han imaginado a sí mismas, pues la literatura, a mi juicio, es en realidad las formas que han tomado los imaginarios sociales, cómo las sociedades se sueñan idealmente; nos revela las fantasías de la historia colectiva. Cada texto u obra cultural del canon puede abordarse a través de su función práctica, de las misiones ideológicas que ha desempeñado como estrategia para asimilar obras del pasado y hacerlas asimilables. Cada texto está abierto a significaciones, a sucesivas reescrituras que generan interpretaciones suplementarias.

Con lo dicho es evidente que todo este programa nos impide la traslación acrítica de códigos maestros para interpretar los textos hispánicos: el empleo acrítico de términos y conceptos sobre la representación, el constructo de género sexual, el sujeto serán ejercicios lúdicos y hedonistas, pero poco nos ayudan para entender las dimensiones colectivas persistentes en los textos culturales. Reducir los textos a denominadores comunes o de asimilación mutua significa perder la especificidad.

Estudiar el *canon* supone analizar las estructuras representacionales que nos permiten entender (para transformar) las relaciones vividas e imaginadas de los sujetos individuales. Y nos permite leer, por debajo de los textos, la lógica colectiva que ha llevado a la deformación, demonización, supresión, marginalización o silencio del Otro.

Reescribir el *canon* (una de las tareas del feminismo) significa analizar estas *representaciones*, los códigos maestros que se han interpretado como tipificaciones o modelos de normas sociales. Significa escuchar *lo dicho* y lo *no dicho* (empleando términos bajtinianos); y nos obliga a replantearnos las estrategias o la inscripción del *sociotexto* (para emplear un fructífero término propuesto por Díaz-Diocaretz), o las formas de textualización de la mujer en las cuales también están en interacción los sociolectos patriarcales, además del sociolecto de la escritora misma, así como las instancias de representación y las prácticas metatextuales de la escritura.

No son, entonces, tarea mediocre el estudio de las *imágenes* de la mujer, o el estudio temático así re-formulado; sirven como formas de iniciar y ensanchar el análisis a fondo de las estructuras culturales y sociales que han servido para excluir y silenciar; sirven para polemizar con lo normativo y autorizado como verdad única. Una vez, claro está, que se re-contextualicen las figuraciones y las imágenes, y que se sitúen las categorías organizadoras con las formas de producción.

El estudio de los relatos maestros, o códigos maestros o textos maestros, nos permite comprender los mensajes o significados inscritos, al mismo tiempo que podemos confrontar nuestro propio pensamiento sobre ellos y las formas sedimentadas de las fantasías colectivas sobre su propio desarrollo histórico.

El patriarcado es uno de los relatos maestros que se reproduce en los textos, en sus imaginarios sociales. A esa dimensión corresponden las alusiones tópicas, los clisés, los nudos temáticos (todo aquello que la sociocrítica denomina *sociograma*, y Bajtin llama *ideologema*), que llevan inscritas sus ideologías y hegemonías en alusiones políticas, en los mecanismos de la narración o en la forma poética. Una novela lleva inscrita la temática amorosa, y la «realista», como nos demostró René Girard el adulterio, por ejemplo, que implica el triángulo amoroso: en Tolstoi, en Galdós, en Clarín. Pero además, y es lo que nos importa, la narrativa nos revela las fantasías masculinas: la *representación*, en palabras de Hélène Cixous, no es otra cosa que «representar los deseos del hombre».

En definitiva: la *representación*, tan ligada al *canon*, a los *códigos maestros*, a los efectos *retóricos*, a la *ideología*, al *inconsciente*, al *valor* (o la *dimensión valor*, como gustan decir los sociocríticos) o *axiología* está regida por un acuerdo o consenso social, de lo *decible o no decible* en cada momento histórico concreto. El problema del valor es central para desentrañar las formas de manipulación. Podríamos ir más lejos y sugerir que obviamente la selección *temática* no es un accidente: que el espejismo de plenitud, atribuido a la mujer —el Otro— en casos específicos históricos y culturales, es también un instrumento de marginalización.

IV. Construcción del sujeto

Lo que el posestructuralismo (en sus variantes) nos ha dejado en herencia es la duda sobre las verdades definitivas, entre ellas, lo que puedan ser subjetividad o sujeto en situaciones de marginación. Si el discurso dominante es genérico e históricamente ha dejado «sin voz» a la mujer, imponiendo normas, cánones y valores, y por tanto silenciando o reprimiendo la propia narratividad, es primordial teorizar sobre aquellos géneros que permiten hablar por cuenta propia, dentro de los propios cánones y normas. Puede considerarse que la teoría feminista tiene además como blanco inmediato, no solo desenmascarar los constructos del patriarcado (tomados como autoridad), sino valorizar la identidad que la mujer, como *sujeto subalterno*, se ha forjado históricamente en su lucha por el reconocimiento. Se pone énfasis en la adquisición de conocimiento de sí, ya no como sujeto de la representación de otro u objeto ajeno que es necesario desmontar o deconstruir para extraer la fuerza y el poder que se han ejercido mediante los signos que emiten tales textos de cultura. La lucha por el signo para afirmar la identidad significa teorizar sobre el lenguaje y las formas en las cuales el enunciante (la mujer) tiene el privilegio de hablar por sí misma. El cambio de sujeto de enunciación implica, naturalmente, un cambio de *episteme* o de óptica y de ética.

Sin embargo, tal programa epistémico no puede valorarse con propiedad a menos que se acepte que la *representación*, motor del discurso referencial en la modernidad occidental, ya no ocupa el lugar central.[55] Todo ello supone que un texto de cultura (un artefacto cultural) ya no se estudia a partir de las nociones de reflejo o reproducción del contexto social, o la determinación en última instancia de lo económico. Supone, por tanto, que todas las teorías del reflejo (de Lukács, a Goldmann, a Althusser, a Macheray, entre tantos otros intentos de sociologismo) han sufrido una mutación significativa. Por lo tanto, el planteamiento que propongo supone la subversión absoluta del texto referencial.

Tanto la deconstrucción derrideana y demaniana, y buena parte del posestructuralismo, cuanto las nociones de *lenguaje* y de *voces* de M. Bajtin (entre otros) han incidido en este cambio de perspectiva, en esta nueva formación discursiva. Todo este entramado supone, además, que la interpretación y la comunicación se perciben de otra manera, como un marco epistemológico que no intenta ocultar la desigualdad y la diferencia detrás de la falsa apariencia de universalidad formal, o de internacionalismos reductores en nombre de sistemas totales (problema central de una semiótica codificada). Todo ello conlleva y supone el imperativo de la *diferencia* —la social, la étnica de la comunidad— una vez que hemos aceptado la lucha entre los signos y las distintas interpretaciones de un mismo enunciado de acuerdo al contexto situacional o «situación de enunciado» (en términos de Bajtin). Lo que se plantea son las apropiaciones y re-acentuaciones legitimadas, y no aquellas autorizadas por la representación formal.

Se trata de desmontar los códigos literarios y críticos o teóricos vigentes; por lo pronto, este rechazo oscila entre continuar refrendando una poética representacional (pero de autorrepresentación o mujer generadora de signos) y una *écriture* autodestructiva (representada sobre todo por las feministas francesas, en particular Hélène Cixous, si bien no es la única). Este sería el marco de

---

55. Bien visto por George Yúdice, *op. cit.*, p. 209.

toda la semiología de Julia Kristeva, por ejemplo, con sus nociones sobre lo abyecto, la melancolía, la cora, entre otras.[56]

Debemos aclarar ante todo los términos de este debate, que es estratégico, para todo análisis literario o cultural. La *subjetividad* se debe relacionar tanto como *representación* cuanto en términos de la *representación*. Un «yo» que es simultáneamente biográfico y ficticio. Mediante una serie de procesos simbólicos, entonces, no solo se constituyen como constructos el género sexual, o la raza, sino el *sujeto*. En cuanto constructo, toda una red de representaciones imaginarias, interpelan a la identificación y a la identidad. Así pues, la cultura y toda la economía simbólica cultural, ayudan a construir posiciones de sujeto. Un individuo (una mujer, en este caso) tiene múltiples posiciones de sujeto —identidades e identificaciones imaginarias que la interpelan, desde el marco de los discursos institucionalizados de autoridad: la Iglesia, el Estado, la ley. Lo importante es que las posiciones de sujeto son *provisorias* y *relacionales*, y surgen como respuestas a interpelaciones, a discursos que nos llaman. Todo ello supone que no tenemos solo *una* posición en el mundo, sino que nos podemos mover entre fronteras, rechazando, polemizando o aceptando las posiciones de sujeto que nos interpelan.

De ahí, por ejemplo, la importancia de conceptos tales como *sujeto subalterno* (término de Antonio Gramsci y muy empleado en la actualidad en los estudios culturales a partir del uso de Gayatri Spivak), *sujeto revolucionario, sujeto feminista*. En cambio, *persona* o *agente humano* designa una forma de subjetividad, que, mediante contradicciones y cambios de posiciones de sujeto, resiste las presiones ideológicas que la interpelan. Sería, entonces, el agente de la historia.[57] Los discursos nos constituyen y nos llaman, y naturalmente las interpelaciones provienen de las representaciones e imágenes a que hemos aludido. Un texto cultural ofrece posiciones de sujeto; como con-

---

56. Empleadas, estas últimas, como códigos maestros sin reflexionar sobre las especificidades por P.J. Smith, *The Body Hispanic. Gender and Sexuality in Spanish and Spanish American Literature*, Oxford, Clarendon Press, 1989.

57. Remito al influyente libro de Paul Smith, *Discerning the Subject*, University of Minnesota Press, 1988.

traste pensemos en la domesticación a que hicimos referencia, o la función antinormativa que desempeña una mujer en una novela de Pardo Bazán, o las vindicaciones de Mary Shelley.

La importancia del sujeto en la teoría feminista radica, justamente, en poner de relieve la movilidad de nuestras posiciones en el mundo, la posibilidad de las identidades e identificaciones antinormativas. Y naturalmente que incide en la idea de la subjetividad como algo abierto, relacional, sin concluir, en fluctuación: la teoría del sujeto como constructo delinea una diferencia específica contra los trascendentalismos y biologismos, o las subjetividades definidas una vez y por todas. Abre el espacio de las contradicciones sobre las formas dominantes de la identidad personal.

El *constructo del sujeto* nos permite asignarle un lugar relacional a las identificaciones e identidades hegemónicas dentro del sistema dialógico, e iniciar el trabajo crítico de reapropiar e identificar los ideologemas (en sentido bajtiniano) y los binarismos como formas fundamentales del pensamiento ideológico de la cultura universal. La labor de la deconstrucción justamente se centra en desenmascarar estas oposiciones binarias.

Como es natural, el sujeto así concebido es un signo (el sujeto semiótico), y por tanto el lector (o los lectores) construyen el significado y sentido del signo mujer como objeto semiótico. Entre otros signos, la fantasía de la mujer tonta o la famosa mudez del «me gustas cuando callas».[58] No falta el signo de la mujer como «ausente» —buena parte de la poesía lírica designa un «tú» que es objeto de ausencia o de representaciones ficticias (lo que Émile Benveniste llama una instancia gramatical que designa, no su presencia, sino su ausencia). Un «tú» artificial; un «yo» deíctico que no coincide con el «yo» predicativo y gramatical. El problema es central en la poética de la lírica a partir de Mallarmé; la coincidencia, si alguna existe, opera a nivel del texto como signo. Este proceso

---

58. Véase el interesante artículo de Christine Brooke-Rose, «Woman as Semiotic Object», en Susan Rubin Suleiman (ed.), *The Female Body in Western Culture: Contemporary Perspectives*, Harvard University Press, 1986, pp. 305-316.

tiene uno de sus grandes momentos en la poesía de Juan Ramón Jiménez (sobre la cual volveré en otro momento).

El cuerpo femenino, ha quedado claro, es un constructo simbólico, un simulacro, cuya existencia depende del discurso social —verbal, especulativo, ficticio, histórico, religioso, legal— y está mediado por puntos de vista axiológicos o juicios de valor. El lenguaje (y sigo ahora a Bajtin) es una metáfora del encuentro evaluativo de enunciados que forman el sujeto; el sujeto semiótico forma parte de los múltiples sistemas simbólicos que conforman la cultura. Bajtin (a mi juicio), y desde la lectura pionera de M. Díaz-Diocaretz, permite una hermenéutica para afirmar la posibilidad creadora del sujeto y la relación dialógica con los otros, además de finas distinciones sobre la inscripción de la voz y voces en el tejido de lo textual. Volveré sobre ello al plantear la hipóstesis de una teoría interpretativa dialógica.

El lenguaje es factor decisivo en la constitución de subjetividades, de naciones y de comunidades, y así concebido apunta a inventar nuevas maneras de comprensión de los textos y sus relaciones extratextuales (lo que también se llama *hors-texte*). Sobre todo si los conceptos de representación y de referencialidad se han puesto en tela de juicio, contra los principios de causalidad mecánica por una parte, y en factor de la comprensión del lenguaje y sus vertientes imaginarias y simbólicas. Si un texto es un acto social simbólico, registra su capacidad de diferenciación y revela las oposiciones y contradicciones. Implica todo un programa utópico para establecer identidades.

El sujeto, por tanto, tiene múltiples posibilidades y posiciones, aunque ninguna fija; los textos culturales no solo interpelan, sino que fijan y proyectan identidades. El sujeto representado es, actualmente, el blanco de la teoría crítica, puesto que el discurso genérico ha prevalecido como forma de fijar identidades, hecho que explica la crítica actual al sujeto cartesiano, centro del logos y productor de un discurso unívoco o monológico. De ahí el interés por desarrollar una teoría del sujeto femenino o mujer. Por lo tanto, se han identificado varios *géneros literarios* que permiten especificar el problema de la propia subjetividad y señalar al canon literario de las mujeres en la literatura: 1) la autobiografía; 2) el testimonio (fundamentalmente empleado para definir las culturas y voces silenciadas). Otras críticas han sugerido que la poesía lírica occidental *es* esencialmente femenina, pero que este fue un género ocupado por el patriarcado.

El problema del constructo del sujeto es pues, no solo importante desde el punto de vista de las teorías de la representación, sino desde el ángulo de enunciador del discurso, de quien se autorrepresenta, lo que he llamado la crítica de la referencialidad. La autobiografía y el testimonio, por ejemplo, permiten replantear el problema del sujeto de la escritura, y proyectar evaluaciones desde el acontecimiento en su calidad de sujeto Otro que toma la palabra. La autobiografía, que permite la construcción del sujeto personal y ofrece la ilusión de una identidad personal, subjetiva y privada, naturalmente que se ha empleado para crear la ilusión de sujeto centrado (el sujeto burgués). Buena parte de la crítica ha sido dirigida contra quienes proponen que la autobiografía y/o el testimonio, así como las cartas y los diarios y los géneros normalmente considerados como expresión del poder interpretativo o de autoridad y autorizar la propia historia, dependen sobre todo de la categoría del discurso genérico, y dejan de lado otros aspectos de identidad e identificación, como lo son la raza y la clase.

Sin duda, en la medida en que la idea de producción textual y de contexto situacional del enunciado nos ayuda a romper el hábito de pensar en lo referencial y la representación como estructuras estáticas nacidas al amparo del sujeto burgués (sujeto cartesiano, portador del logos o conocimiento y creador del discurso autorizado), *el testimonio* ha ido cobrando mayor importancia. El término designa un conjunto de modalidades discursivas que tienen en común dar voz a los silenciados, desenterrar las historias reprimidas por la historia y el discurso dominante (por ejemplo, el canónico de Miguel Barnet, *Biografía de un cimarrón*, el primero en emplear el término). Y, en estos momentos, permite distinguir entre aquel feminismo que persigue una poética representacional y un nuevo discurso epistémico que incorpora la diferencia como forma de concientización y praxis. El «yo» que designa un sujeto de la clase dominante (o un «yo» académico) y el «yo» que remite a un *ethos* de la comunidad, a un «yo» colectivo. Las discusiones en torno a los testimonios de la maya (guatemalteca) Rigoberta Menchú y la minera boliviana Domitila han permitido distinguir entre ambos marcos.[59]

Puede observarse que estos supuestos epistémicos que polemizan contra el lenguaje referencial o la ilusión referencial se centran en la *diferencia* y nos permiten salir de la «jaula de hierro» del género; si todos los géneros mencionados supuestamente proyectan evaluaciones desde la subjetividad mujer que toma la palabra, naturalmente que la clase y etnia son determinantes: no es lo mismo la autobiografía de Teresa de Jesús que aquella de Rigoberta Menchú en el siglo XX, que habla desde su posición de un «yo» colectivo y de sujeto/a subalterno. La salida de esta trampa de la subjetividad centrada en el discurso genérico a mi juicio la ofrece Díaz-Diocaretz con su propuesta del *sociotexto* y el *entimema*. Y cito: «En la intersección de lo extratextual con lo textual, existe un *locus* crucial de encuentro entre el *yo*, el *ser social, el sujeto que escribe*, y *el sujeto de lo enunciado*. Todos ellos están condicionados por los mecanismos de la producción discursiva y al mismo tiempo los modifican».[60]

El *entimema* permite determinar la selección misma de las palabras y la forma que estas toman; la evaluación específica. Por tanto, se trata de hilar fino, y explorar el papel que desempeña la evaluación tácita (lo axiológico) en el discurso de las mujeres.

Se intenta buscar las posiciones valorizadoras que el sujeto-que-escribe acepta tácitamente, o rechaza. Este marco está apoyado en un concepto interdisciplinario y en una visión de cultura y «voces» en intersecciones. Se trata, en definitiva, de una crítica cultural en intersecciones que abarque lo heterogéneo de la diferencia en simultaneidades.

---

59. Me parece oportuno remitir a la compilación de textos en John Beverley y Hugo Achúgar (eds.), *La voz del otro...*, *op. cit.*

60. Myriam Díaz-Diocaretz, «El sociotexto: el entimema y la matriherencia en los textos de mujeres», en M.-Pierrette Malcuzynski (ed.), *op. cit.*, p. 130.

La propuesta de Díaz-Diocaretz, enmarcada en Bajtin, pone el acento sobre lo *dialógico*, pero lo dialógico como voces auténticas y no puramente voces textuales, y nos permite entonces releer y reescribir las formas genéricas hegemónicas mismas y sus códigos maestros, y mostrar las formas en que se han re-apropiado, neutralizado o coaptado los textos. Pero además, y es lo importante, distingue entre la noción de *textualidad* y de la de *práctica textual*, separándose así de la teoría feminista más difundida. Podríamos decir que es una práctica desde el *margen* y la *diferencia*, que sitúa la lectura interpretativa no solo incorporando la diferencia, sino la polivalencia táctica de los discursos.

La problemática que nos plantea esta concepción del sujeto y la crítica dialógica reseñada es formular críticas certeras a los recursos de categorías tales como sujeto individual, sujeto feminista, género, conciencia colectiva de raza o clase, tal como aparece en las teorías feministas más difundidas. Todas esas concepciones y conceptos descansan en asimilaciones nada rigurosas y figurativas de la conciencia del sujeto individual con la dinámica de grupos o colectividades (lo que las feministas norteamericanas, siguiendo a Stanley Fish, llaman «comunidades interpretantes»).

En cambio, la propuesta de *sociotexto permite leer dialógicamente las formas hegemónicas mismas del patriarcado en las formas de textualizar*. Es decir: tal proyecto va ligado a dos o tres hipótesis: se supone que las relaciones de voces son rastros, porque el lenguaje siempre está poblado por lo otro en diversidades de lo *no dicho* que puede localizarse sobre el fondo del campo enunciativo. Y, aunque estas voces o enunciados no sean visibles, es precisa cierta conversión de la mirada y la lectura para poder reconocer en la textualización una especie de reconstrucción de la voz a que inicialmente se oponía. Desde este punto de vista, el análisis de la textualización es un análisis histórico; los textos se leen en sus relaciones de «voces», en un sistema dialógico. O, dicho de otra manera, no se concibe el discurso como dividido entre lo dominante y lo dominado, o lo excluyente y lo excluido, sino como una multiplicidad de elementos discursivos que pueden actuar con estrategias diferentes.

Se parte del supuesto de que bajo una textualización visible puede estar otra voz que la dirija, la empuje, la perturbe o la turbe. En una palabra, que lo dicho y lo no dicho afectan al enunciado. Lo que supone la distribución, con todo lo dicho y lo no dicho (el *entimema*), de las enunciaciones requeridas y las prohibidas, lo frágil y apenas audible. Todo este proyecto requiere múltiples variaciones y efectos diferentes según quién hable, su posición en el mundo (situación social del enunciado) y el contexto institucional de donde proviene el discurso. Todo ello conlleva desplazamientos, re-acentuaciones (en término bajtiniano) o reutilizaciones y reciclajes de fórmulas idénticas para objetivos opuestos. Los discursos son bloques tácticos o estrategias de conjunto.

Tal proyecto teórico que propongo, asentado en el marco dialógico, se aleja totalmente del campo de la representación y propone una crítica feminista interpretativa atenta a las variaciones de los discursos.

No quisiera concluir sin observar la posición privilegiada que le otorgo a la teoría feminista en el mundo epistémico, hecho que trasciende en gran medida el campo limitado de la crítica literaria o cultural. Cuando se la utiliza adecuadamente conduce nuestra atención hacia las proyecciones imaginarias y los mundos simbólicos que nos interpelan y nos constituyen como objetos en relación con los otros objetos así constituidos. De lo que aquí se trata es de despertar al lector y re-activar su comprensión, para descubrir las intenciones que rigen la textualización y los pensamientos constituidos anteriormente, que aún pesan sobre nuestras propias palabras. Nos induce a abordar el mundo del silencio, el de la palabra ambivalente, el mundo de los signos, y a sospechar de las apelaciones de autoridad, de verdades, de nociones de identidad personal trascendente, de los mitos de la unificación de la psiqué, de las nociones falsificadas sobre el mundo de las emociones, en nombre de una conciencia ética y de un logos excluyente. Concretamente nos permite descentrar el sujeto de su jaula de hierro en la dirección de lo político y colectivo.

«LA PALABRA NO OLVIDA DE DÓNDE VINO». PARA UNA POÉTICA DIALÓGICA DE LA DIFERENCIA

Myriam Díaz-Diocaretz

I. Observaciones preliminares

No me ha sido ni es, por cierto, una tarea fácil rescatar la literatura escrita por mujeres de su antigua reputación de dudoso valor artístico.[1] Sabemos que el Parnaso está administrado por el patriarcado en la historia literaria. La literatura tiene convenciones, normas y valores propios y representa las exigencias comunicativas generales de la sociedad. [...] En la historia de occidente la escritura de la mujer no ha gozado de privilegios iguales a la de los hombres ni en la jerarquía de producción o publicación, ni en los mecanismos de circulación y recensión de los textos. Aún recientemente, un crítico reconocido y tan agudo como George Steiner sugiere que los gran-

---

1. En este texto, elaboro una síntesis-collage de varios trabajos, conferencias y seminarios sobre teoría feminista, poética, y el dialogismo de Bajtin que he realizado en los últimos diez años, desde mis primeros artículos y libros sobre teoría de la traducción y la poética feminista, y la poesía de Adrienne Rich, que me indujo a estudiar la probable especificidad de una escritura de mujeres. Los corchetes ([...] indican los cortes; de los textos empleados, elimino, en general, cuanto remite a las literaturas en inglés, francés y holandés con las cuales trabajo en teoría literaria y literatura comparada. He hecho a menudo interpolaciones que me parecen pertinentes para situar mi marco teórico en el contexto de la literatura en lengua castellana. El lector interesado puede consultar los siguientes libros y artículos que he resumido

des artífices de la cultura son «esencialmente hombres», y que la capacidad biológica de procrear es tan poderosa en las mujeres «que hace comparativamente pálido, dar a luz personajes ficticios», según afirma en su último ensayo *Real Presences* (1989). Si no he resistido introducir esta interpolación, se debe a que corrobora una vez más las dificultades a las cuales me refiero.

Pues bien. Los confines y límites de la producción textual de las mujeres se han determinado históricamente por una particular *situación social* donde el contexto de desigualdad ha estado directamente relacionado con la alfabetización y el acceso a la instrucción, no menos que al sistema de privilegios de clase en cada sociedad. Este entorno ha sido estudiado en los últimos años, prácticamente para todas las culturas.[2] En este contexto, uno de los puntos cruciales ha sido si esta tradición limitante debe describirse considerando solo los presupuestos temáticos que derivan del género sexual del sujeto empírico (escritora, poeta); o bien, como habré de sugerir a lo largo de estas páginas, si debe analizarse considerando la *preferencia* o *dominante* textual que pueda existir en el interior de una determinada producción literaria —preferencias que serán, implícitamente, de aceptación o polémica con la literatura patriarcal.

para esta historia: «Estrategias textuales: Del discurso femenino al discurso feminista», «*La mujer en cambio*», *Molinos* (marzo 1986), pp. 38-48; «Sieving the Matriheritage of the Sociotext: The Dialogic and Writing by Women», en Elizabeth Meese y Alice Parker (eds.), *The Difference Within: Feminism and Critical Theory*, Amsterdam, John Benjamins, 1988, pp. 116-147; «Bakhtin, Discourse and Feminist Studies», «*The Bakhtin Circle Today*», *Critical Studies*, 1, 2 (1989), pp. 121-139; *Per una poetica de la differenza*, Florencia, Estro Strumenti, Collana de Studi sulle Donne, 1989; «El sociotexto: el entimema y la matriherencia en los textos de mujeres», en M.-Pierrette Malcuzynski (ed.), *Sociocríticas. Prácticas textuales. Cultura de Fronteras*, Amsterdam, Rodopi, 1991, pp. 129-144. Este último se publicó asimismo en España bajo el título de «Para el discernimiento del patrimonio femenino del sociotexto», *Discurso. Revista Internacional de Semiótica y Teoría Literaria* (Sevilla), 5 (1990), pp. 57-90; «Framing Contexts, Gendered Evaluations, and the Anthological Subject», en Nicholas Spadaccini y Jenaro Talens (eds.), «*The Politics of Editing*», *Hispanic Issues*, 8 (1992), pp. 139-156.

2. En el caso de España, remito a la conocida obra colectiva *Las mujeres en las ciudades medievales*, Madrid, Universidad Autónoma, 1984. También hay estudios para Francia, Inglaterra, Hispanoamérica.

Al intentar responder a algunas interrogantes sobre la escritura de mujer, ha sido de utilidad aislar varios aspectos para luego reunirlos en una perspectiva convergente. Dejo de lado distinciones sobre los términos *femenino/a* (con frecuencia sinónimo de «propio de su sexo») y *feminista* aplicado a una variedad de campos semánticos en torno a la escritora o la escritura.[3] Es decir, no supondré a priori ni a posteriori que tal o cual escritora es femenina o feminista; el género biológico no determina un tipo específico de escritura. Por otra parte, sin embargo, debemos recordar que los prejuicios masculinistas socialmente colectivos han creado una imagen global, totalizante, atribuyéndole a los sujetos biológicos pertenecientes al género biológico femenino una inferioridad cualitativa intrínseca. Propongo entonces concentrarnos en la escritura de la mujer, buscando una especificidad que nos conduzca del *texto* al *discurso femenino*, y del texto al *discurso feminista*. En este trabajo, parto de los puntos que nos conducen de las prácticas discursivas propias y su interrelación con el espacio cultural dominante. Nuestras interrogaciones se sitúan en el campo de la actividad semiótica; en este contexto examinaremos las constricciones valorativas del discurso y las orientaciones de la práctica de escritura, en el marco de *lo dado*, *lo creado*, y la poética de lo que he llamado el texto social.

Comenzaremos por unas referencias al marco que encuadra mi propuesta, en el proceso de implicación de la misma en el universo ideológico. Es necesario, entonces, iniciar nuestro recorrido planteando el tema del sujeto hablante y el uso particular del lenguaje.

---

3. El lector interesado puede consultar la versión más extensa de esta sección, M. Díaz-Diocaretz, «Estrategias textuales...», *op. cit.* Consúltese a su vez a Gabriela Mora, «Crítica feminista: Apuntes sobre definiciones y problemas», en G. Mora y K.S. Van Hooft (eds.), *Theory and Practice of Feminist Literary Criticism*, Ypsilanti, MI, Bilingual Review Press, 1981, pp. 2-13.

II. Lo dialógico y la teoría feminista. Pensar en intersecciones

«Slovo» y la literatura de mujeres

Reflexionar sobre la escritura lleva consigo una serie de consideraciones sobre las formas tradicionales de análisis.[4] Partiendo del concepto bajtiniano de *slovo* en su sentido más estricto, que se refiere tanto al enunciado cuanto al discurso, comenzaré con un rápido panorama de algunas teorías del lenguaje feministas tradicionales y posestructuralistas, para extrapolar inicialmente aquellas que remiten a ideas deterministas de un espacio fijo y específico (la «diferencia») para las mujeres. Una vez hecho este recorrido, propongo una perspectiva crítica interactiva (en «intersecciones») que incluya las diferencias heterogéneas que tanto los textos como los sujetos hablantes —más que los individuos— median y hacen intervenir. Esta *crítica interactiva* que sugiero incluye el género como uno de los más importantes constructos que permiten la pluralidad de *formaciones discursivas*. De esta manera, se puede ampliar la noción de género mediante la comprensión del discurso como *slovo*, que a su vez sitúa lo dialógico en el contexto de las construcciones patriarcales. Re-examino así diferencias y variantes de la *socialidad* que propone Bajtin/Voloshinov, al reconocer la intervención del género como mediación para la interacción y coexistencia en la sociedad. Lo dialógico significa, en este sentido, el proceso de intersubjetividad, y relaciono el constructo genérico con los conceptos bajtinianos de *lo dado* y *lo creado*, así como a usos específicos del discurso.

Analizando retrospectivamente las últimas tres décadas de teoría feminista podemos observar una multitud de críticas sobre las estructuras androcéntricas; estas críticas han descubierto las prácticas sociales, históricas, lingüísticas y simbólicas en la representación de la mujer. Los argumentos provienen de distintas disciplinas y miras teóricas. Otro punto importante ha sido el

---

4. Resumo aquí M. Díaz-Diocaretz, «Bakhtin, Discourse...», *op. cit.*, dejando únicamente el encuadre teórico.

lugar y función de la experiencia y su relación con la expresión, como Toril Moi ha demostrado en su *Teoría literaria feminista*. Aún otro método para cartografiar las inquisiciones feministas ha sido examinar lo que llamo *percepción de lo real*, como relación entre distintos aspectos de la existencia de la mujer con la «realidad», tales como lo imaginario, lo simbólico, lo sublime, y las teorías psicoanalíticas que revisan y re-acentúan a Freud y a Lacan. Además, otro campo de estudio ha sido el de la naturaleza del lenguaje en relación con la mujer en la sociedad y las dificultades de las mujeres para articular tales experiencias; este último punto ha sido particularmente importante en áreas de sociolingüística, antropología y los estudios sobre el lenguaje en general.

Uno de los presupuestos de este tipo de feminismo es que la sociedad no es una regla de estructuras generales y universales, sino un sistema en el cual los hombres tienen poder sobre las mujeres. Por tanto, el lenguaje patriarcal es central en las estructuras sociales que perpetúan el poder de los hombres. Hay una evidente dicotomía (saussuriana) en las formas que de estas estructuras se han estudiado, que de manera amplia podemos relacionar con las cualidades de lo legible y escritural en los textos. «Lo legible [*readerly*] —nos recuerda Barbara Johnson en su análisis de *S/Z* de Barthes—, se fuerza artificialmente mediante consideraciones sobre la representación: es irreversible, "natural", decidible, continuo, totalizable y unificado en un todo coherente basado en lo significado.»[5] Quiero añadir a lo dicho por B. Johnson, que lo legible también se apoya en la idea del lenguaje estático.

La función legible forma parte del análisis de la representación —análisis que en general se ha limitado a lo descriptivo. En los Estados Unidos abundan los estudios de los estereotipos de la mujer en los textos masculinos, los de «imáge-

---

5. Me tomo la libertad de ampliar el contexto de Barbara Johnson, pues si bien distinta, la dicotomía de lo escriturable y lo legible es importante para desarrollar mi pensamiento, por tanto la re-acentúo en otra dirección. Remito a Barbara Johnson, *A World of Difference*, Baltimore, Johns Hopkins University Press, 1987, p. 26. En inglés: «The readerly is constrained by considerations of representation: it is irreversible, "natural", decidable, continuous, totalizable and unified into a coherent whole based on the signified».

nes femeninas» en la literatura escrita por mujeres, y los de las «visiones femeninas» tales y como estas se desarrollan en la psiqué y la sensibilidad. Estos supuestos sobre la representación han dado pie a una serie de hipótesis sobre una poética y una estética femeninas.

[...] En contraste, la función escritural, de acuerdo a B. Johnson, «es infinitamente plural, y abierta al libre juego de significadores y de diferencia, inabarcable mediante consideraciones de representación, y transgresora de cualquier intento de un significado decidible, unificado y totalizado».[6] La actividad crítica de la deconstrucción y el psicoanálisis han enfatizado esta función, pero al mismo tiempo han ignorado o minusvalorado los aspectos sociohistóricos que son externos a la cuestión de diferencia y al inconsciente, respectivamente.

[...] Mi interés, en este contexto, es sobrepasar el punto cero del determinismo lingüístico y del saussurismo, y replantear un tipo de *crítica interactiva* basada en la teoría de la comunicación y del lenguaje de M. Bajtin y su círculo. De esta manera, y apoyada en estas propuestas, las he re-orientado y re-acentuado hacia la crítica feminista dialógica que llevo elaborando hace una década. Se trata, como punto de arranque, de problematizar y cuestionar los usos y empleos del saussurismo. Lo que sugiero una vez más es emplear a Bajtin como instrumento, re-acentuando aquellos aspectos que me parecen más importantes (dejo de lado su ceguera ante los problemas del patriarcado, sobre todo en los contextos en que analiza la relación lenguaje/poder). Sí quiero recordar que, pese a estas limitaciones, estuvo atento a las *diferencias genéricas*, tales y como estas se daban en la interacción discursiva (el diálogo). Pero lo que quiero re-acentuar y retomar (o reciclar) es la crítica bajtiniana a la noción de la arbitrariedad del signo que distingue a Saussure, puesto que su crítica a las teorías del lingüista suizo nos permite abrir caminos para revisar todas las prácticas que se derivan de este trazo.[7]

6. *Ibíd.*, p. 26.
7. Me apoyo, si bien en otro sentido, en Terry Eagleton, *Literary Theory: An Introduction*, Oxford, Basil Blackwell, 1983.

Bajtin toma el problema desde sus cimientos, como parte integrante de su filosofía del lenguaje: para Saussure el lenguaje es un sistema arbitrario que depende totalmente de oposiciones y relaciones de diferencia para producir significado. Ello crea, a su vez, todo un conjunto de derivados y postulados en torno a supuestos sobre el lenguaje, que Bajtin llama fetichismo de la *langue* o lengua, y un énfasis excesivo en los códigos. Su crítica a esas nociones fetichistas de lengua y habla toca los desarrollos posteriores de la lingüística de Jakobson, a Pierce, a Chomsky.[8] Lo que Bajtin subraya es que el sistema saussuriano es lógico y coherente, pero a la vez inválido y falso; además, demostró que contiene al menos tres errores graves: el aparente objetivismo [abstracto]; el binarismo lógico; y el fetichismo de la racionalidad. Cada uno de estos ha sido, de una manera o de otra, desenmascarado por la práctica feminista: la «objetividad» abstracta se ha demostrado como pre-juicio masculino, el binarismo lógico ha sido sistemáticamente deconstruido en francés por la escritura de Hélène Cixous, y el fetichismo de la razón se ha demostrado también como supuesta predisposición innata del hombre, puesto que las feministas han demostrado que la razón se asocia con lo masculino, si se toma en cuenta el privilegio que el patriarcado le otorga a la razón sobre las emociones y la intuición.

Me parece oportuno explorar, desde la perspectiva bajtiniana de *interrelaciones* que constituyen los límites impuestos por el patriarcado, las consecuencias de la crítica de Bajtin al saussurismo como adelantos de aspectos importantes de la teoría y práctica feminista. Podemos así continuar una agenda de trabajo, no pensada por Bajtin, re-acentuando algunos de sus conceptos más importantes en la dirección de lo dialógico. Pero quiero aclarar que por dialógico entiendo algo más que las nociones limitadas

8. Remito a la importante compilación *Ferdinand de Saussure*, México, Siglo XXI, 1971, que incluye trabajos de E. Benveniste, A.J. Greimas, R. Godel, R.S. Wells, L. Hjemslev, J. Starobinski. Pero además, Saussure está presente en las figuras más importantes del estructuralismo y posestructuralismo francés: R. Barthes, J. Derrida, además de Jakobson, Lévi-Strauss. Sin Saussure el famoso artículo de ambos sobre «Los gatos» de Baudelaire jamás se hubiera escrito.

de textualidad o textualización (novela dialógica, poema dialógico) que últimamente se han puesto de moda; lo que propongo es el discurso dialógico en la sociedad. Mi propuesta sugiere re-examinar las diferencias y variantes del concepto de *lo social*, tal y como lo sugiere Bajtin/Voloshinov, haciendo intervenir la noción de *género*, no en su sentido biológico estricto, sino como fuerza que media como co-existencia en la sociedad, en el sentido preciso en que he desarrollado el término de *lo no enunciado*.[9]

Comienzo por decir que suponer una «diferencia» en la escritura de las mujeres o un prejuicio machista innato en el lenguaje —como un sector de la crítica feminista que hace uso de las teorías deterministas del lenguaje— es presuponer una especificidad de *la palabra*. Pero, si recordamos a Bajtin, la palabra es un signo neutro que carece de especificidad en cualquier esfera de producción ideológica. Es un *signo abierto*, abierto para desempeñar cualquier función ideológica.[10] Toda «diferencia» no se origina en el lenguaje como fenómeno abstracto, sino en el *uso* particular de un término en el contexto de *slovo*. Y, por otra parte, la complejidad de la palabra (el signo) es un aspecto del elemento polémico del cual surge el significado: la palabra escrita es parte de una polémica ideológica que cambia de centro constantemente, ya que los lugares (contextos) en que esta ha sido empleada nunca se pierden, como tampoco los contextos de donde surgió.[11] El hecho de que la palabra (y el signo) se haya empleado como agencia del patriarcado o en un contexto patriarcal, no significa que el discurso permanecerá patriarcal siempre (no está predeterminado), como un punto de vista determinista supondría. Si,

9. Remito al artículo de Mijail Bajtin / V.N. Voloshinov, «Discourse in Life and Discourse in Poetry» (trad. de John Richmond), en Ann Shukman (ed.), «*Bakhtin School Papers*», *Russian Poetics in Translation*, 10 (1983), pp. 5-30. De aquí desarrollo mi concepto de discurso dialógico.

10. Remito a Mijail Bajtin / V.N. Voloshinov, *El marxismo y la filosofía del lenguaje* (trad. de Tatiana Bubnova; intr. de Iris M. Zavala), Madrid, Alianza, 1992, pp. 14-15. Toda referencia posterior a este trabajo aparece bajo las siglas MFL en el texto.

11. Este desarrollo es más evidente en Mijail Bajtin, *La poética de Dostoievski* (trad. de Tatiana Bubnova), México, Fondo de Cultura Económica, 1988, si bien aparece también en *Estética de la creación verbal* (trad. de Tatiana Bubnova), México, Siglo XXI, 1985².

como contraste, hablamos sobre un «discurso opresivo», en los términos propuestos por Bajtin y su círculo, este es un discurso abierto, sin finalizar, una palabra abierta a la responsividad. De esta manera, el intercambio discursivo en la comunicación no es uno de una doble voz para la mujer —la mujer y el patriarcado respectivamente—, sino un proceso mucho más inestable y complejo, un proceso dinámico de yuxtaposiciones cambiantes y de encrucijadas determinadas por el *acontecimiento* específico del enunciado, la *coexistencia específica con el otro* que crea la acción recíproca de significado y sentido entre una conciencia y otra. En el concepto bajtiniano de *slovo* como lo dialógico, tal interacción nunca es fija —aunque entendamos la conciencia como individual o como factor colectivo— y está siempre abierta al diálogo, a la polémica, a la *respuesta*; en tal sentido, la palabra está abierta a significados futuros o potenciales, factor sobre el cual Bajtin reflexionó a menudo.

El concepto de *slovo* sitúa la escritura dentro de una teoría del discurso que reconoce lo ideológico de todo enunciado (y signo), y propone la producción textual en relación a un concepto de la cultura que está enmarcada históricamente y está provista de múltiples facetas. *Slovo* invalida los argumentos de los peores detractores de ciertas teorías feministas que las acusan de «ideológicas» más que de «científicas»; la noción de *slovo* nos indica que todo intercambio discursivo es ideológico porque ocurre mediado por el lenguaje en el acontecimiento mismo del enunciado. Por iguales motivos, la creación mediante el lenguaje no es estática, está siempre en movimiento, en movimiento hacia su significado posible en el futuro. Esta transformación potencial del discurso mediante el enunciado, y del enunciado mediante el discurso, provoca una renovación constante mediante el *acontecimiento* del encuentro y las re-acentuaciones y re-orientaciones (ideológicas) que expanden el significado. En este dinamismo interno, los conflictos, las contradicciones y la lucha por el signo interactúan.

La *heterogeneidad* del lenguaje que Bajtin delinea funciona en el nivel de *estructuración del discurso*, más que en la representación. De manera semejante, las relaciones dialógicas forman parte del lenguaje y de la vida humana, y no se limitan a la composición textual, según formula Bajtin/Voloshinov en «Discurso en la vida, discurso en la poesía». La palabra es un enunciado que siempre ha de confrontarse con la del otro; este diálogo constante con el otro, incluso *en la stasis del silencio*, es lo dialógico.[12] La palabra es a la vez privada y pública, y cada acto de enunciación transmite y transforma distintos discursos; cada unidad responde a lo anterior. El sujeto hablante está formado dialógicamente, y como la relación con el otro está en constante cambio, resulta ilusorio pensarse como centro unitario.[13]

La heterogeneidad social inherente al lenguaje nos permite reconocer que el sujeto dialógico y lo ideológico co-existen en la comunicación social. Pese a todos los impedimentos institucionales y políticos que pueda encontrar, la existencia misma del discurso feminista como estrategia para deslegitimar y revelar la hegemonía del discurso del patriarcado ilustra de manera diáfana las teorías bajtinianas de lo abierto y no finalizado o acabado del discurso. Prueba que la auto-proclamada palabra autorizada y monológica del patriarcado, que excluye a la mujer de muchos de los niveles, no es definitiva, y que no es ni puede ser la última palabra. [...]

En el diálogo constante con *el otro*, el punto de vista dialógico feminista que propongo se distingue por intentar revelar la fuerza que domina al otro, en el acto de hablar, de escribir y en el silencio mismo. Encontramos así que las estructuras del patriarcado constantemente inciden en este otro; pero este *otro determinado por el patriarcado y sus valoraciones homosociales* no es, de ninguna manera, un otro inherente al lenguaje, ya que el lenguaje está también expuesto a otras interacciones.[14] El constructo de género sexual se entiende entonces como una estructura dinámi-

---

12. Bien visto por Wladimir Krysinski, «Bakhtine et la question de l'idéologie», *Études Françaises*, 20,1 (1984), pp. 21-36.

13. Estoy, en este sentido, de acuerdo con W. Krysinski.

14. He estudiado anteriormente la retórica y la práctica homosocial: Myriam Díaz-Diocaretz, «Homosocial Arrangements: From Concept to Discourse», en Mattias Duyves *et al.* (eds.), *Among Men, Among Women: Sociological and Historical Recognition of Homosocial Arrangements*, Amsterdam, University of Amsterdam, 1983, pp. 441-449.

ca en la cual tanto los componentes patriarcales cuanto los constructos sociales que se expresan a través de él no son abstraccio-
nes, sino determinantes sociales e históricas. Es decir, hay todo
un proceso en la institución del patriarcado.

La composición del lenguaje depende de «la evaluación del
medio social al cual el enunciado se dirige» (en términos bajtinianos).[15] Esta evaluación es importante en términos de lo que
Bajtin llama «horizonte de expectativas»; y cada enunciado no
solo existe como acontecimiento en cada momento histórico,
sino que su heterogeneidad se activa como *mezcla conflictiva
de contextos*.[16] Como consecuencia, para que cualquier elemento estructural determinado del enunciado pueda funcionar
de manera dinámica, tiene que estar en co-existencia con las
prácticas del individuo en el contexto heterogéneo verbal y no-
verbal del enunciado. El género se relativiza en la frontera entre la heterogeneidad del discurso mismo y el acto particular
del enunciado.

En Bajtin la naturaleza misma de «voz» implica «la voz del
otro»; de ello sigue que el constructo «voz de la mujer» no se
forma en dualidad por «lenguaje masculino y femenino», ni es
la voz de la mujer la voz del «otro», ni es femenina porque se
opone a la voz masculina como los axiomas esencialistas su-
gieren. [...] La voz de la mujer, como sujeto de enunciación o
hablante, es una *evaluación heteroglótica*. Y quiero subrayar
otra vez, que el centro de lo dialógico no es ni la representación ni el diálogo en su sentido literal. El lenguaje no es
una opinión neutra, y solo se convierte en la palabra propia
cuando está poblada con las intenciones del individuo, cuando
este se las reapropia o las re-acentúa, parafraseando a Bajtin.

O más claro aún: «antes de pasar a los problemas de la
representación artística del discurso ajeno, orientado hacia la
imagen del lenguaje, es necesario referirnos al tema del ha-

---

15. Mijail Bajtin, «Discourse in life...», *op. cit.*, p. 14.
16. Remito a la introducción de Iris M. Zavala a *MFL*, «El marxismo y la teoría
del lenguaje. Mijail Bajtin». Es interesante, en otro sentido, David Carroll, «The Alterity of Discourse: Form, History and the Question of the Political in M. Bakhtin»,
Diacritics (1983), p. 71.

blante y de su palabra en el dominio extraliterario de la vida y de la ideología».[17]

El proceso de intersubjetividad implícito en la noción bajtiniana de «la palabra» se complica algo más cuando examinamos dos dimensiones del enunciado de interés particular —la reiteración inherente al lenguaje, y lo distintivo y particular que proviene del contexto del enunciado.

Lo dado y lo creado

De ambos acontecimientos, Bajtin introduce dos polos fundamentales, que llama *lo dado* y *lo creado* en el texto. A *lo dado* pertenece el sistema convencional de signos, accesible y abierto para su comprensión en una comunidad dada (por ejemplo, un lenguaje poético específico). Es también la esfera de cuanto existe fuera del texto que reproduce y puede ser reproducido; cuanto circula como texto cultural, como «discurso social». Más que con el lenguaje mismo, tiene que ver con las prácticas y normas discursivas de cada sociedad: incluye los argumentos, y las normas implícitas que organizan lo decible, incluso «cuanto se puede decir sobre los discursos institucionalizados existentes, y lo que se acepta como norma en un momento específico en la historia de una sociedad».[18] A la norma (lo aceptado) conciernen las transformaciones virtuales de los distintos géneros discursivos (político, científico, literario, etc.), y sus límites, así como las fronteras o márgenes que se disputan, se contradicen o se transgreden.[19]

Todo esto es de particular importancia para calibrar las in-

---

17. Remito a Mijail Bajtin, «La palabra en la novela», en *Teoría y estética de la novela* (trad. de Helena S. Kriukova y Vicente Cazcarra), Madrid, Taurus, 1989, p. 154.

18. La noción de «discurso social» deriva de Bajtin, y ha sido reelaborada y reacentuada por Marc Angenot en el marco de la sociocrítica; véase M. Angenot, «Intertextualité, interdiscursivité, discours social», *Texte*, 2 (1983), pp. 101-112. Véase también la compilación de textos sobre la sociocrítica de M.-Pierrette Malcuzynski (ed.), *Sociocríticas. Prácticas textuales, op. cit.*

19. M. Angenot, *op. cit.*, pp. 105-106, y además Bajtin/Voloshinov, *MFL*.

teracciones y transformaciones entre, por ejemplo, un grupo de textos seleccionados mediante criterios de género sexual (i. e., mujeres poetas chilenas de 1980, mujeres poetas provenzales, poetas modernistas de fin de siglo). Partir de la hipótesis de que la relación entre un grupo específico de mujeres ha estado dominada por las estructuras patriarcales en su función de sujetos de escritura en una sociedad dada, supondría comenzar por definir *qué zonas del discurso social* funcionan desde una perspectiva masculina y en *qué contextos.* El resultado estaría lejos de ser totalizante si analizamos los discursos desde esta perspectiva, y exploramos la dinámica interna de los mecanismos de producción del patriarcado centrándonos, por ejemplo, en las formas de institucionalizar ciertas formas de elocución, y ver cómo y qué evaluaciones se transmiten mediante textos específicos. El papel que desempeña el horizonte de expectativas, como sabemos, es también instrumental en la composición de la obra, y está íntimamente ligado al nivel jerárquico de cada práctica (por ejemplo, el soneto en la Inglaterra victoriana; el modernismo en Hispanoamérica; los usos y transformaciones de los mitos clásicos griegos en los cánones tradicionales de occidente en los tres últimos siglos). Las convenciones literarias y las leyes y restricciones implícitas en cada género son importantes consideraciones; además, el intercambio de valores y evaluaciones en la práctica textual tiene como resultado la articulación de tipos específicos de lenguaje y toma la forma y modo de la internalización. Todas estas normas, el sistema de evaluaciones y valores sociales, se internalizan.[20]

Es posible entonces que las formas de auto-legitimación del patriarcado marginen o limiten al sujeto de escritura, pero ello no necesariamente se textualiza en modo concreto, «con pala-

---

20. En un sentido muy distinto y no feminista, alude al proceso de internalización Caryl Emerson, «The Outer Word and Inner Speech: Bakhtin, Vygotskym and the Internalization of Language», *Critical Inquiry*, 10, 2 (1983), pp. 245-264. También alude al problema de internalización de normas y valores como parte de la forma Iris M. Zavala, *La posmodernidad y Mijail Bajtin. Una poética dialógica*, Madrid, Espasa-Calpe, 1991 (Col. Austral). Véase asimismo el desarrollo del cronotopo en este contexto, en el análisis que hace I.M. Zavala sobre el género sexual, en el segundo volumen de esta historia al analizar a Valle Inclán.

bras», por así decirlo. [...] Lo dialógico favorece un análisis que incluya el horizonte tanto *de lo verbal* (el texto) cuanto de *lo extra-verbal* (lo social). Por tanto, la diferencia genérica no es válida si se toma aislada; no debe privilegiarse para excluir otras variables, ya que lo dialógico supone la multiplicidad heterogénea de orientaciones que inciden en el texto.[21] En este sentido, creo que si hablamos de la literatura escrita por mujer no podemos hablar de una «tradición» sino de un campo de prácticas textuales dentro de una problemática sociocultural y sociorretórica.

Otro concepto bajtiniano útil para desarrollar una crítica feminista dialógica —lo que también he llamado *pensar en intersecciones*— relaciona lo social con la composición textual: todo enunciado contiene «una evaluación ideológica verbal no marcada en su forma misma». Es decir, toda forma genérica trae consigo una red de evaluaciones y valoraciones sociales, como he intentado demostrar al desarrollar la noción de *lo no marcado*, no explicitado, *y lo no dicho o enunciado*, pero que está presente, como el elemento no dicho en el contexto de la mujer y su relación con el sujeto de escritura en los contextos patriarcales. Volveré sobre ello al ampliar mis propuestas, por ahora basta decir que la posiblidad de descubrir las formas específicas de lo no enunciado nos permitirá desenmarañar la multiplicidad de modos de reproducción, transformación y supresión de las formas diferentes del discurso social. Es decir, así analizados, estos textos revelan las relaciones no enunciadas que establecen, con movimientos artísticos específicos, los tipos de discurso o formas de identificación con una sociedad dada, o con imágenes o tropos, o géneros o formas poéticas particulares —todo ello forma parte de *lo dado*. Estos elementos sitúan los textos en un horizonte más amplio, permitiéndonos analizar los grados, formas y tipos de *evaluaciones* que la autora misma está poniendo en práctica, incluso y especial-

---

21. En este sentido —y añado ahora esta interpolación— tuvo razón Cèlia Amorós al señalar las limitaciones del concepto de *diferencia*; véase Cèlia Amorós, *Hacia una crítica de la razón patriarcal*, Barcelona, Anthropos, 1985.

mente si no son explícitas, si no se enuncian, pero que de todas formas afectan a la *forma*, la entonación y el otro «interno» que interactúan en el texto.

Junto a *lo dado* existe el otro polo del texto, *lo creado*, que remite al texto individual en su singularidad, su intención, la visión del mundo del autor y que se pueden extraer de la relación dialógica que se establece con lo extraverbal. Si el lenguaje es intersubjetivo —como he sugerido en el contexto de esta propuesta—, el enunciado es en sí una especie de intersección entre discursos como manifestaciones de fenómenos colectivos y de actos verbales individuales; ambos forman parte de lo dialógico. El sujeto hablante o sujeto-que-habla, como autor o sujeto-que-escribe, es por definición una socialidad deíctica, una interrelación de movimientos e interacciones y de ajustes que se reexaminan y re-acentúan en la composición estética del texto.

Lo que propongo es, por tanto, que una teoría crítica feminista debe centrarse en el lugar donde se afirma, o desde dónde interactúa el sujeto-que-habla o el sujeto-que-escribe, en su naturaleza dialógica, esté o no sobrecargado de nociones patriarcales. Vista desde esta perspectiva la práctica textual deja de ser una dicotomía estática entre *lo no dominante* (el mundo de la mujer) y las fuerzas materiales *dominantes* (el patriarcado y sus valoraciones homosociales), para convertirse en un lugar dinámico de transmisión e interpretación de la palabra ajena.

III. El texto social en la escritura de la mujer

Por el camino de un *pensar en intersecciones* he propuesto que el análisis dialógico nos obliga a re-plantearnos los problemas de género sexual y su inscripción en el texto. Para desarrollar la poética del texto social, hemos de comenzar por analizar sus funciones variables. En el marco de la *textualización del punto de vista* de la mujer, *los constructos de la voz* de la mujer y *la conciencia estratégica* (que veremos con detalle) forman parte del mundo representado en el cual los sociolectos patriarcales y culturales, tanto como el ideolecto de la escritora, interactúan conjuntamente. (El con/y de la dialogía, que significa la simultaneidad de «a la vez que».)

Propongo así un estudio de la *poética del texto social*, a partir del desarrollo de una serie de hipótesis deductivas de lectura y escritura que remiten el discurso artístico al mundo empírico y que se pueden sistematizar como análisis de la representación poética. Comenzaré, no con la noción de una literatura de mujer, sino con el análisis del texto literario con su especificidad de forma, función y contenido, visto en el interior de la situación comunicativa literaria que le es propia. La hipótesis será la *probabilidad* de algunas descripciones preliminares, un grupo de características específicas.[22] Sin embargo, mi sugerencia no es ni una taxonomía ni un inventario de estructuras estáticas, sino más bien parte de la idea de que todos privilegiamos ciertas operaciones dinámicas con *estrategias* y *dominantes* recurrentes, como fuente de una continuidad que debemos recuperar mediante el acto interpretativo.

Lo que antes he llamado *el texto social* es uno de los más importantes elementos intertextuales de la producción de las mujeres, y supone todo el mundo de referencias y ocultaciones que se emplean como apoyo para el diálogo heteroglósico y plurilingüe que fecunda las divergencias, contradicciones y reacentuaciones individuales. A lo largo de la historia, el texto social en la escritura de mujeres ha consistido en canciones, la tradición oral, las consejas, las oraciones, los encantamientos, mitologías que convergen para crear los efectos estéticos del ritmo, de los elementos de entonación, e incluso la polifonía y

---

22. Sobre los conceptos de *dominancia, estrategia* y *coherencia textual*, he seguido como punto de partida las definiciones de Robert de Beaugrande y Wolfang Dressler, *Introduction to Text Linguistics*, Londres, Longman, 1981. Teun Van Dijk nos recuerda que la palabra *estrategia* no se debe limitar a sus connotaciones militares, porque remite al mismo tiempo a juegos que van contra las reglas; véase T. Van Dijk, «Strategic Discourse Comprehension», en Lorenzo Coveri (ed.), *Linguistica Testuale*, Roma, Bulzoni, 1981, pp. 31-62. Debo añadir que desarrollo estos conceptos de manera más interdisciplinaria e interdiscursiva, rescatándolos así de las reducidas fronteras de la lingüística textual.

la heteroglosia. La escritora extrae el tesoro verbal mediante este constructo dialógico; interactúa así con la palabra ajena.[23]

El texto social es el (pre)texto anterior que re-introduce en el discurso (poético) el lenguaje del mundo (la ciudad) como mensajes o fragmentos de mensajes del mundo social. En las últimas décadas, algunos de los signos de la ciudad son los *graffiti*, fragmentos de documentos políticos, testimonios, biografías de esclavos (en el caso de la poesía afro-americana), referencias al discurso histórico, entre tantos otros. Es el universo verbal, el lenguaje cotidiano de la diversidad social que familiariza lo extraño (desposee de temor lo «siniestro» [*das umheimlich*]), para facilitar su escrutinio. El texto social a menudo permite enunciar un punto de vista nuevo sobre el mundo.

Igualmente importantes son los textos que vienen de las esferas de la comunicación (*mass media*): anuncios de televisión y de radio, textos de periódicos. Todo este universo verbal le da forma al contexto social y provoca la producción textual.

Examinaremos ahora la *poética del texto social*, para sugerir que el género es un elemento formal, retomando la propuesta de Bajtin del modelamiento sintáctico del discurso ajeno transmitido, de sus formas de retransmisión o encuadramiento interpretativo, de reentendimiento y re-acentuación de la palabra ajena. Veamos ahora cómo el sujeto-que-escribe —la mujer en nuestro caso— toma la palabra participando así en el diálogo social que al mismo tiempo revela y redefine los valores patriarcales y las prácticas homosociales; cómo se forma y provoca un pensamiento independiente y una palabra independiente.

Y debo comenzar por confesar que durante años fui reacia a aceptar que existiese un lenguaje que corresponda específicamente a «la mujer» en el ámbito de la poesía, como gran parte de los estudios feministas de poetas inglesas y norteamericanas han supuesto. También fui reacia a reconocer una especificidad de «lo

---

23. He desarrollado el concepto de texto social sobre todo en lo que concierne a las poetas afro-americanas; véase Myriam Díaz-Diocaretz, «Black North-American Women Poets in the Semiotics of Culture», en Myriam Díaz-Diocaretz e Iris M. Zavala (eds.), *Women, Feminist Identity and Society in the 1980's*, Amsterdam, John Benjamins, 1985, pp. 37-61.

femenino» en el interior de otras tradiciones poéticas, como por ejemplo, la española, la francesa, la holandesa. Lo que propongo ahora forma parte de un proyecto más amplio sobre la escritura de la mujer; un proyecto que establece el género como estructura cultural, entendiendo por estructura una manifestación dinámica y transformadora del proceso mismo de la práctica poética.

Poética del texto social

Mi propuesta sobre una poética del texto social no es una estructura estática, sino un conjunto de funciones variables que permitan analizar algunos factores comunes en textos (poéticos) de periodos diferentes, cada uno en su propio contexto situacional. En este marco de la textualización desde el punto de vista de la mujer, los constructos de voz y conciencia estratégica de la mujer forman parte del mundo representado, conjuntamente con otros sociolectos e ideolectos. Mi sugerencia sigue dos direcciones principales; la primera concierne al problema de *representación*. En esta zona, he reexaminado el concepto de *intertextualidad* re-acentuándolo en el sentido preciso de relación entre la mujer (poeta) y el *texto ajeno*, patriarcal o no-patriarcal. Otra cosa importante, me he propuesto escuchar «quién habla y a quién» en un poema, examinando tres problemas que considero importantes: 1) el sujeto hablante (el yo-que-habla); 2) los deícticos personales (género y pronombres de primera y segunda persona, centrales en la interacción entre hablante y destinatario, o hablante e interlocutor); 3) las señales connotativas del género en un uso específico del lenguaje. Estos elementos nos indican que en el acto interpretativo, resulta esencial tomar en cuenta nuestros presupuestos culturales e ideológicos sobre estos tres aspectos (la norma cultural y su red de valoraciones), si queremos considerar la dialéctica entre los vacíos o los trazos textuales y los índices que nos guían hacia el significado que el/la poeta se propuso.

La producción de significado (producción simbólica) en la práctica literaria es el resultado de un sistema de convenciones asimilado por los miembros de una comunidad cultural. La escritura de la mujer opera en el marco de esta actividad semiótica común, factor que nos impide reducirla a una tradición autónoma. La escritura de la mujer no puede estudiarse a fondo sin tomar en cuenta su relación directa con la realidad histórica que prescribe las funciones del rol femenino y con las prácticas discursivas de los ámbitos culturales dominantes. La mujer, entendiendo este término en su dimensión sociocultural, ha llegado a la producción de significado contra/diciendo el poder de las prácticas discursivas de su cultura que *no son producto exclusivo del hombre*, pero que lo masculino domina a través del sistema de paradigmas del sociolecto patriarcal.

El *sociolecto* debe ser entendido como «el lenguaje comprendido no solo como relación entre léxico y gramática, sino como receptáculo de las mitologías sociales, entendiendo los mitos como representaciones de temas, lugares comunes y sistema descriptivo (restos estereotipados de metonimias que rodean cualquier núcleo léxico)» (en definición de M. Riffaterre).[24] En mi propuesta estableceré ciertas distinciones entre *el ideolecto del escritor* (que puede estar genéricamente definido), *el sociolecto de la cultura*, y, en una dimensión distinta, *el sociolecto del patriarcado*.

Por *ideolecto* entenderé «una actividad semiótica específica del individuo y, en el caso del lenguaje poético, el léxico y la gramática específicos del texto» (nuevamente en definición de M. Riffaterre). Quizá convenga recordar que el sociolecto patriarcal está constituido por un lenguaje y un discurso que, creado originariamente por la palabra santa de la Biblia, el Evangelio, los Apóstoles, y los Padres de la Iglesia, vinieron luego a institucionalizarse mediante el flujo colectivo e ininterrumpido de la literatura, en cuanto producto sociohistórico del discurso de los hombres cultos, eclesiásticos y laicos.

Una vasta zona de la crítica feminista anglosajona se basa en el presupuesto de que la «tradición» específica de la poesía de las mujeres se define decididamente por el silencio (la pági-

24. M. Riffaterre, «Intertextual Representation: On Mimesis as Interpretive Discourse», *Critical Inquiry*, 11 (1984), pp. 141-162.

na en blanco). El silencio tiene formas múltiples y las restricciones que han pesado sobre la mujer en la producción textual no son sino formas de un no deber decir, de afasia, de mutismo [...]. Así se ha hablado en los últimos años de mutismo cultural. Sin embargo, sí podemos estudiar el silencio como tema, pero en la poética esto se muestra limitado, a menos que incluyamos la problemática sociohistórica y la especificidad del género. A manera de ejemplo, merece la pena subrayar la diferencia entre el silencio en su significado puramente semántico, que también ocurre en la escritura de los hombres, y el tipo de silencio que sería más «peculiar de la mujer», puesto que el silencio no es exclusivamente femenino.[25] Pero, en el espectro diacrónico el silencio de la mujer emerge como *mutismo cultural*. Es de todos conocido el famoso dicho paulino «Mulieres in aecclesia taceant», que determina el silencio de la mujer; pero el mutismo se diseminó por muchas otras zonas y espacios.

Debido a la dinámica histórica y sociopolítica que he mencionado brevemente, las escritoras se han visto obligadas a mirar el lenguaje desde el *exterior*, percibiéndolo como un *sociolecto ajeno y dominante* que obliga a mirar con los ojos del otro, desde el punto de vista y las valoraciones de un lenguaje *potencialmente* distinto. Naturalmente, esta posición ha originado límites pero al mismo tiempo ha sentado las bases de la estrategia creadora. En la producción textual del discurso global de cada cultura (o literatura nacional), la mujer productora de signos ha de reaccionar ante las normas, los valores, los patrones literarios, y las expectativas y restricciones metatextuales y lingüísticas, a partir de una serie de mecanismos productivos que podemos resumir de tres formas (con sus interferencias): 1) aceptación; 2) adaptación o re-acentuación; 3) polémica o rechazo de los códigos ideológicos, sociológicos y mitológicos de cada cultura. Cualquiera de estas

---

25. Adapto de la poeta y escritora afro-americana June Jordan, *Passion: New Poems, 1977-1980*, Boston, Beacon Press, 1980, p. 13. Michelle Cliff alude a su mudez, para evitar hablar de su propia raza en su Jamaica natal; véase Michelle Cliff, «A Journey into Speech», en *The Land of Look Behind*, Ithaca, Firebrand Books, 1985. Sin duda en España existen muchos casos de mutismo cultural; June Jordan se refiere a las escritoras afro-americanas en los Estados Unidos.

alternativas se manifiesta en la estructura textual y lingüística mediante interrelaciones entre el *horizonte ideológico* y la *estructura artística*. Estas alternativas pueden interactuar, absorberse o excluirse; a menudo las fronteras son inciertas. Por ejemplo, una escritora puede incorporar todas las convenciones literarias o adaptarlas, e incluso así transgredir los códigos ideológicos: este fenómeno es recurrente en los textos medievales de Florencia Pinar y de Christine de Pizan, pero también en Gaspara Stampa y Aphra Behn (escritora del siglo XVII); y está no menos presente en María de Zayas y sor Juana.[26]

Desde el triple espectro de estas alternativas estratégicas surge un problema interesante, si nos proponemos detectar trazos del sociolecto patriarcal como la *voz del otro*. Podemos explicarlo en términos teóricos como el factor intertextual que interviene entre el texto de la escritora y el texto ajeno («el que no es propio»), que puede presentarse como forma de asimilación del sociolecto patriarcal.

No es posible asegurar que las escritoras del pasado fueran conscientes del sociolecto patriarcal, a menos que lo hiciéramos por «hipótesis retrospectiva» de dudosa validez. Tampoco podemos dar respuesta segura en el plano biográfico, en cuanto concierne a la obra de escritoras del pasado. Pero podemos ciertamente individualizar los trazos dominantes o las tendencias que explican la *textualización del punto de vista de valoraciones de la mujer* y que, en la poética de la lírica (como he analizado en otras páginas) puede representarse mediante una estrategia concreta de la voz de la mujer. En este campo de análisis, estudiar los *usos del sujeto hablante femenino* es insuficiente, porque es una convención que encontramos incluso en el discurso de la poesía medieval (la literatura provenzal), en la novela epistolar (las famosas *Cartas de la monja portuguesa*, cuya autoría es de un marqués, noble travestí con pseudónimo de monja), en los textos místicos (Juan de la Cruz), en la poesía erótica (Langston Hu-

26. Remito a los estudios de Joseph Snow, «The Spanish Love Poet: Florencia Pinar», en K. Wilson (ed.), *Medieval Women Writers*, Athens, The University of Georgia Press, 1984, pp. 320-332, entre otros estudios.

ghes, García Lorca) donde los autores emplean el filtro de la «persona» femenina. Si repensamos la poesía escrita por hombre y aquella escrita por mujer en culturas y lenguas distintas (española, francesa e inglesa), en los textos de la mujer puede surgir un elemento dominante, que no es comparable en cuanto a la frecuencia con que este aparece en los de los hombres: para reforzar la voz de la mujer, la escritora incorpora una perspectiva del mundo representado, y que contiene una división entre lo masculino y lo femenino, que se obtiene como efecto de la percepción de que la voz habla desde uno de los dos espacios sociales. La voz se sitúa, con un tinte de valoración (en cierta medida, lo que Bajtin llama «palabra bivocal»).

La inscripción estratégica de esta conciencia orientada socialmente que activa el sujeto hablante identificado sexualmente, cambia históricamente, y podemos reconocer múltiples variantes. Más que la afirmación del sujeto hablante, se convierte en lugar de perspectiva en cuanto matriz dinámica de la composición; se convierte en vehículo de expresión de identidad en el terreno individual, y en el ángulo desde el cual se construye el punto de vista valorativo. En este sentido, la visión del mundo de la mujer, distinta a la patriarcal, exige que se incluya la importante correlación de las características textuales y la inscripción a nivel metatextual de la mujer como escritora.

Las estrategias no son sencillamente resultado de competencia y de habilidad de manipular técnicas literarias y elementos del contenido. En el discurso lírico (al cual me limito normalmente), se persiguen objetivos e intenciones más importantes, es un «programa artístico» concebido por la poeta, cuyo impulso proviene de una voluntad de textualizar, que podemos llamar *conciencia estratégica del discurso*.[27] Esta conciencia la sostiene el sujeto que escribe, y podemos suponer que está identificada sexualmente en los términos que defino. Así, la conciencia estratégica de las mujeres consiste en una actitud responsiva

27. Aquí adapto las observaciones de Tzvetan Todorov sobre el enunciado en Bajtin; Tzvetan Todorov «Bakhtin's Theory of Utterance», en Richard T. de George (ed.), *Semiotic Themes*, Lawrence, University of Kansas Publications, 1981, pp. 165-178.

desde la dicotomía masculino/femenino, a menudo ignorada por los escritores. La estrategia de la producción de la mujer genera una correspondencia entre el mundo representado y la realidad empírica, inscrita en el mundo del hablante.[28] Estas son dominantes y características importantes en la poesía de las mujeres, y pueden servir de factor integrante para una continuidad, para afirmar una supuesta singularidad, para servir de paradigma de relaciones para describir textos poéticos distintos. La conciencia estratégica y la estrategia de la voz femenina pueden inscribirse al unísono o textualizar una dicotomía. Manteniendo esta distinción, podemos percibir la riqueza de la variedad de modos de escritura.

Resulta oportuno ahora considerar que rehusamos aislar ciertas estructuras y ciertos sistemas porque existen métodos críticos eficaces para sugerir re-lecturas de textos del pasado. El hecho de que algunos aspectos hayan sido ignorados por la crítica, se debe en parte a la falta del reconocimiento de un horizonte de expectativas connotado sexualmente; sobre todo porque hasta fecha reciente las convenciones de lectura (interpretativas) no permitían comprender tales estructuras y códigos. Con pocas excepciones, las mujeres estaban/mos textual y socialmente limitadas al discurso patriarcal.

En trabajos anteriores he intentado formular un conjunto de características textuales que permitan individualizar señales (marcadores) específicos de una escritura identificada con el sujeto hablante como mujer. Señalaré aquí los elementos que he propuesto:

a) desplazamiento de connotaciones;

b) elemento intertextual (incorporación de la palabra ajena y los textos ajenos, que se integran para constituir un todo

---

28. Como complemento a esta definición, veáse mi análisis de William Faulkner; M. Díaz-Diocaretz, «Faulkner's Hen-House: Woman as Bounded Text», en Doreen Fowler y Ann J. Abadie (eds.), *Faulkner and Women, Twelfth Annual Faulkner and Yoknapatawpha Conference*, Jackson, University Press of Mississippi, 1986, pp. 235-269. Analizo aquí la noción de *conciencia estratégica* en la práctica discursiva de un escritor.

dialógico de transformación de la voz ajena (textos populares, léxico tabú, formas de hablar el cuerpo);

c) interacción textual dominante entre el hablante y el destinatario en sus múltiples variantes y posibilidades (sujeto hablante y su interlocutor interno del discurso lírico, el yo/tú).

Igualmente importante es el estudio de cada autora, entendida la autoría como *función* en el interior del discurso social (función-autor), que nos permitirá aislar los aspectos metatextuales de la escritura de la mujer. Por función entiendo algo muy preciso: el texto literario en su contexto, las condiciones de producción, procesamiento, circulación, reproducción y recepción del texto. En definitiva el proceso de producción y de interpretación de los textos como actividades sociales. Ya antes he trabajado esta función de autor en la escritura de Adrienne Rich.[29]

Es necesario insistir en que esta estructura general debe completarse con un análisis de las formas de mutismo cultural que hace que se ponga en primer plano la situación de la mujer en el contexto patriarcal. Conviene señalar que existe una marginalidad en la poética de la composición del discurso, en la organización de las estructuras del discurso aceptado y aceptable, que luego se transforma en el modelo a seguir o a innovar. De igual importancia es la marginalidad en la *función selectiva de la expresión de valores*, en el nivel y diversos grados de evaluación social implícito en la selección de determinado repertorio léxico, metafórico, trópico, como también en la elección de unidades de contenido (semántica poética). Tanto la poética de composición como la función selectiva de los valores refuerzan la existencia del discurso dominante, sinónimo de discurso autorizado y canónico (jerárquico y de prestigio).[30]

En este sentido, un análisis feminista de la «situación del enunciado» debe tomar en cuenta un ámbito que incluya los siguientes puntos:

---

29. Remito a mi *Translating Poetic Discourse*, Amsterdam, John Benjamins, 1985, en particular las pp. 58-73.

30. Retomo y reacentúo en un contexto de teoría feminista las formulaciones de Bajtin sobre el enunciado; véase Tz. Todorov, *op. cit.*, p. 165.

1) los presupuestos, las expectativas, las imposiciones culturales y su sistema de normas, valores y convenciones del canon literario, y los modelos normativos de uso y estructura lingüística (a nivel semántico, sintáctico, fonético, léxico);

2) las resultantes constricciones metatextuales, textuales y lingüísticas como restricciones implícitas, el horizonte de alternativas, y los modelos de innovación que funcionan en el *sociolecto de una cultura*;

3) las operaciones de asentimiento, adaptación o rechazo de los códigos que actúan en el interior del sociolecto de cada cultura.

En las relaciones dialógicas, todo este entramado puede ser percibido como punto de vista sobre el mundo. Por muy diferentes que sean las fuerzas del sociolecto que generan el proceso de estratificación y la norma, tanto más sustancial es la estrategia para expresar la frontera entre lo propio y lo ajeno, y para apropiar la palabra ajena. Claro que no podemos dejar de lado otra observación (no menos importante en el conjunto que nos ocupa): que no todas las palabras se someten a la apropiación, muchas se resisten (y parafraseo a Bajtin), otras permanecen ajenas y suenan ajenas en la boca del hablante que se apoderó de ellas. Al margen de la voluntad del hablante o del sujeto que escribe, «se encierran entre comillas». Esta última observación nos permite leer al trasluz, podríamos decir, el sociolecto del patriarcado.

En fin, un nuevo modelo teórico feminista está atento a la escritura de la mujer como objeto de estudio articulado en un complejo de relaciones, donde la significación literaria (en una hipotética forma identificada sexualmente) resulta de la interacción artístico/estética; pero, no menos que de una conjugación y/o disyunción del sociolecto e ideolecto activada a través de la estructura textual y las operaciones interpretativas que propongo. En la intersección se escucha la voz de la mujer y su conciencia estratégica.

Codificar la propia marginalidad estética

El hablar y escribir como mujer (identificada sexualmente), partiendo de la experiencia real de ser mujer, están determinados «por una posición estratégica, y no simplemente a partir de la anatomía o la biología».[31] Tales actitudes requieren un conocimiento del sociolecto patriarcal, que puede textualizarse (como sugerí) para subrayar el binarismo sociocultural predominante (aludimos siempre a la cultura occidental). Esta oposición binaria, como sabemos, es el resultado de una manera distinta de *valorar la experiencia*, y refleja la separación evaluativa del pequeño mundo de la mujer con el macromundo universal de los hombres. El posestructuralismo moderno (en su versión derrideana) se ha propuesto desmontar estas categorías binarias del logocentrismo, mientras que en fecha reciente se ha desarrollado todo un desenmascaramiento de lo que se llama las valoraciones homosociales para afirmar una política del género que institucionaliza el patriarcado.[32]

Existen pruebas conclusivas de que del siglo III al XIII, el poder autorizado homosocial del discurso patriarcal le limitó a las mujeres el espacio de expresión cultural, favoreciendo en cambio el privilegio verbal de los hombres. (Ya hemos aludido a los factores históricos, i. e., analfabetismo, limitaciones de acceso a la educación, cuyas excepciones de Luisa Sigea, a Beatriz Galindo «La Latina», a sor Juana son bien conocidas.)[33] Por tanto, que la producción de discurso escrito y literario de las mujeres (su producción cultural) haya permanecido desconocida durante siglos, y que a menudo se la considere «frívola» o «poco importante», es

---

31. Cito a Shoshana Felman, «Women and Madness; The Critical Fallacy», *Diacritics*, 5, 2 (1975), pp. 2-10.
32. Es interesante, en este sentido, el libro de Gerda Lerner, *The Creation of Patriarchy*, Oxford, Basil, 1986, que estudia el proceso de la institucionalización del patriarcado.
33. Remito, como complemento, al esbozo que Antònia Cabanilles ha desarrollado; A. Cabanilles, «Cartografías del silencio. La teoría literaria feminista», en Aurora López y María Ángeles Pastor (eds.), *Crítica y ficción literaria: Mujeres españolas contemporáneas*, Granada, Seminario de Estudios de la Mujer, 1989. La lectora interesada ha de encontrar allí una historia sintética de los distintos puntos de vista.

resultado directo de la progresiva autoridad patriarcal de la cultura. No obstante, las estrategias empleadas han sido múltiples; acentuaré someramente algunas prácticas estratégicas, metatextuales y textuales que las mujeres han empleado para codificar su propia poética de la marginalización y para denunciar las prácticas exclusionistas y homosociales del patriarcado.

Traducciones y prólogos

Quiero subrayar que tanto la traducción cuanto la escritura de prólogos deben entenderse como *textos* y como *actividades de prácticas discursivas*. El material a analizar abunda desde la Edad Media (en la cultura española en lo que respecta a las traducciones de los textos árabes, por medio de la Escuela de Toledo), y en lo que se refiere a la tradición en inglés, hay múltiples ejemplos a partir del siglo XVII. No debemos dejar de lado las traducciones de Aristóteles de Beatriz Galindo y la labor de humanista de Luisa Sigea, ambas productoras de textos que podrían analizarse desde las perspectivas que sugiero (entre otras aún menos conocidas).[34]

A mi juicio, la traducción es una actividad de escritura que permite comunicar aquello que el autor no podría decir en un texto autónomo. En cuanto actividad, ha sido vehículo para introducir, mediante la voz del *escritor suplente*, cambios sutiles que desvían el texto de su operación originaria de significado. La traducción ofrece además a una escritora la oportunidad de expresar indirectamente aquello que nunca podría decir como mujer. Creo que una lectura atenta de las traducciones hechas por las mujeres nos revelaría interesantes ejemplos de relaciones dialógicas de aceptación o polémica respecto al argumento mismo del texto traducido. En algunos casos que he estudiado, el cambio de significado (mediante desviaciones semióticas) se puede rastrear a nivel textual. El discurso de la escritora aparece en esta dispersión, a

---

34. He añadido estos ejemplos generales de la cultura en España, dado que las fuentes que normalmente empleo provienen de las literaturas en inglés.

103

través del otro texto, en un empleo *clandestino* o *subterráneo* de la escritura: podríamos decir que le permite al sujeto expresar lo prohibido en su contexto social.[35] Emerge así la conciencia estratégica de *la función de traductora* (que ya he desarrollado).

Aludiré a un ejemplo: la traducción de Aphra Behn (Surinam, 1640-1689) del polémico *Entretiens sur la pluralité des Deux Mondes*, de Fontenelle, donde la traductora transforma con habilidad el texto en una defensa de la filosofía copernicana y cartesiana. Resulta así el primer intento importante de presentar en forma literaria y agradable (*utile dolci*) la filosofía laica, que toma la forma de una *École des femmes*. Aphra Behn adapta, borra, transforma e imita los elementos convencionales, haciendo útil empleo de las tres estrategias dentro de un mismo texto.[36] Lo que resulta importante es que la traductora puede aparentar ser sumisa ante la tradición, pero afirma su función de autora, mediante un palimpsesto de afirmación sexual lleno de sugerencias y sutilezas.

En numerosos prólogos escritos por mujer leemos una aparente humildad y acato de las convenciones y la autoridad. Existe una buena cantidad de textos a lo largo de la historia en los que los prólogos nos ponen al descubierto aún otras estrategias tejidas para contrarrestar el mutismo. Dos ejemplos en textos hispánicos nos salen al paso de inmediato: Teresa de Cepeda y Ahumada, y luego la Décima Musa mexicana, Juana Inés de la Cruz. En muchos de los prólogos a sus propios textos, en particular *El libro de su vida* (1558), Teresa admite haber escrito por mandato, pretexto que emplea otra vez en el *Libro de las fundaciones*. Con razón

---

35. Llevo trabajando este tema desde por lo menos 1979, partiendo de mi experiencia como traductora de poesía feminista en el Chile del general Pinochet. Traduciendo a Adrienne Rich expresaba lo que como sujeto nacional *no podía decir*. Forma parte asimismo de lo que he llamado *función de traductor*; véase M. Díaz-Diocaretz, *Translating...*, *op. cit.*

36. En el texto que sintetizo, M. Díaz-Diocaretz, *Per una poetica...*, *op. cit.*, doy más ejemplos, que elimino ahora puesto que provienen de la literatura inglesa. Además de Behn, Margaret Tyler o Tyrrel, que tradujo del español un texto de *Espejo de príncipes* de Diego Ortúñez de Calahorra de 1578. El lector interesado puede consultar de Moira Ferguson (ed.), *First Feminist: British Women Writers 1578-1799*, Bloomington, Indiana University Press, 1985. Ojalá que estas sugerencias provoquen un estudio de las mujeres traductoras y prologuistas en lengua española.

Rosa Rossi afirma rotundamente que «Teresa no era una escritora "sincera" o "espontánea" y sus escritos no eran "diáfanos"».[37]

El segundo ejemplo evidente, sor Juana, remite a una irónica docilidad, al afirmar, como Teresa, que su poesía era fruto de comisiones, y no de iniciativa propia.[38] Mediante esta estrategia, sor Juana dirige la atención al acto de obediencia más que al acto de libertad; en otras ocasiones alude a su «mudez». No deja de tener interés el hecho de que la famosa *Respuesta a la Muy Ilustre Sor Filotea de la Cruz* polemice —acentuando su identidad— con el obispo de Puebla, que asumió el papel o «persona» de una mujer, apropiándose la voz femenina al prohibirle que escribiera.[39] Ella, a su vez, en algún soneto transgrede todas las normas genéricas de la forma, al dejar el género sexual del narrador y del interlocutor del soneto *imprecisos*, no marcando el género sexual del «mi bien», ni el «tu», ni «mis».

Mi argumento central es que, en la tradición literaria, la práctica de prólogos justificatorios abundan desde el Renacimiento. Pero lo importante es que las prácticas metatextuales mencionadas tienen en común aceptar el mundo homosocial del patriarcado, al cual se le atribuyen los saberes literarios y las prácticas intelectuales en exclusiva. Pero mientras tales justificaciones son *argumentos* retóricos en el sentido estrecho si son afirmados por los hombres, cuando los enuncian las mujeres inscriben estrategias conscientes para darle voz a una mudez que habla culturalmente desde el margen. Mientras más justificatorio sea el tono, más fuerte es la corriente hiperbólica. Así pues, una crítica feminista que se aleja de la estilística tradicional, interpretará textos semejantes desde una perspectiva que pone en tela de juicio los códigos, aparentemente interiorizados, de los discursos dominan-

---

37. Véase el hermoso libro de Rosa Rossi, *Teresa de Ávila. Biografía de una escritora*, Barcelona, Icaria, 1984. Con toda razón Rossi subraya que para una mujer, la escritura es «acontecimiento fundamental de la existencia», p. 13.

38. Así afirma en poema-prólogo a sus poemas, Juana Inés de la Cruz, *Obras completas*, México, Porrúa, 1977, p. 3.

39. Josefina Ludmer ha estudiado con agudeza las estrategias de sor Juana; J. Ludmer, «Tretas del débil», en Patricia Elena González y Eliana Ortega (eds.), *La sartén por el mango*, Río Piedras, Huracán, 1984, pp. 47-54. Ludmer se centra en los usos de «saber», «decir» y «no» en el diálogo entre sor Juana y el obispo.

tes. Una crítica orientada en esta dirección debe considerar, antes que nada, que los textos están dialogizados afirmando una identidad sexual —estructura dialógica en el sentido bajtiniano de aspecto objetual semántico y expresivo o intencional de la palabra desde el interior que apropia la palabra ajena, y que acentúa así las formaciones y transformaciones de discurso ajeno, la aceptación de la autoridad y la subversión, la convención y la innovación, en el cuadro general de la desarmonía contextual entre la conciencia estratégica del hombre y de la mujer como sujetos discursivos.

Parece evidente que a lo largo de la historia la mujer escritora ha empleado múltiples estrategias metatextuales (como las que he enumerado). El anonimato (no exclusivamente fenómeno femenino), el recurso al pseudónimo (también cultivado por los hombres) se han empleado a menudo para evitar o burlar la censura (civil o eclesiástica), para criticar o calumniar al adversario. Pero en el cuadro diacrónico del mutismo cultural de las mujeres, las razones y motivaciones de tales subterfugios y estrategias difieren sociohistóricamente de aquellas empleadas por los hombres. La diferencia es clara, por ejemplo, cuando confrontamos el anonimato de la literatura erasmista o de alumbrado en España, la de los conversos o de los moriscos —recordemos *El Lazarillo de Tormes*. Estos casos notables están orientados en otro sentido que la adopción de pseudónimos masculinos adoptados por las mujeres escritoras desde comienzos del siglo xix.[40] [...]

El sujeto antológico

Atención especial merece la lectura de textos enmarcados por el patriarcado y sus valoraciones homosociales. Si he propuesto la función de autor y la función de traductor, como par-

---

40. Es innecesario insistir en ello, tenemos ahora el instrumento impresionante de la bibliografía de María del Carmen Simón Palmer, *Escritoras españolas del siglo XIX. Manual bio-bibliográfico*, Madrid, Castalia, 1991. Se puede consultar a su vez el artículo de Susan Kirkpatrick, «Toward a Feminist Textual Criticism: Throughts on Editing the Work of Coronado and Avellaneda», en Nicholas Spadaccini y Jenaro Talens (eds.), «*The Politics of Editing*», *Hispanic Issues*, 8 (1992), pp. 125-138.

te del proceso de producción y de interpretación de los textos como actividades sociales, no menos importante es lo que describo como *sujeto antológico*.[41] Partimos de la idea de que toda antología es un texto «material y un medio» portador de significado.[42] Es un objeto cultural, que se reproduce por medios mecánicos y técnicos, y que se reimprime; es una comodidad en el mercado, que circula mediante librerías, ferias, bibliotecas, préstamos. [...] Además de objeto material de cultura (artefacto material), en cuanto portador de otros textos (y significados), es también lo que he de llamar *portador transmaterial de cultura*; es decir, una antología que comunica formas de comprensión.[43]

Si partimos de la noción de un texto como «dato primario» en las ciencias humanas,[44] podemos establecer un modelo para analizar el *sujeto antológico* que propongo: es decir, el sujeto que crea el texto (un conjunto de textos ejemplares), y pone en circulación un proyecto (de conocimiento o comunicación). [...] Los *contextos que enmarcan* la antología —*enunciados o no enunciados* del sujeto antológico— comunican formas específicas de conocimiento importantes en la esfera de las evaluaciones, jerarquías y exclusiones textuales. En cuanto *texto enmarcado*, una antología revela todo un complejo de valoraciones y relaciones de sentido. Podríamos decir que una antología es el lugar de la respuesta del editor, es su *comprensión responsiva*, y que sus valoraciones ideológicas enmarcan la antología en su totalidad, puesto que «el experimentador forma parte del sistema experimental»,[45] y la actitud del sujeto hacia lo representado «siempre es un componente de la imagen».[46] Es decir que las antologías (así como la edición de textos, entre otras formas de difusión y reproducción

---

41. Resumo aquí un extenso trabajo; M. Díaz-Diocaretz, «Framing Contexts, Gendered...», *op. cit.*, pp. 139-156.
42. Empleo Mijail Bajtin, «El problema del texto», en *Estética de...*, *op. cit.*, p. 296.
43. En la actualidad estoy trabajando con la naturaleza «transmaterial» de la interacción verbal, contra la dicotomía que distingue entre los aspectos materiales y las propiedades transmateriales de la significación.
44. Mijail Bajtin, *Estética de...*, *op. cit.*, p. 294.
45. *Ibíd.*, p. 315.
46. *Ibíd.*, p. 307.

de los artefactos transmateriales) están mediadas por puntos de vista axiológicos o juicios de valor.

Así, en general, el sujeto antológico está en relación dialógica con el texto, y podríamos concluir que el entimema más frecuente del sujeto antológico es homosocial, y la selección corresponde a la elección de un auditorio masculino; es decir, a un constructo masculino que se identifica con valores homosociales.[47] Las evaluaciones genéricas sexuadas (enunciadas o no enunciadas) indican que «el tercero» («el que comprende», para Bajtin) del sujeto antológico es una estructura que ignora la contribución de las mujeres a la cultura, que las borra, y que selecciona pensando un auditorio que «lee e interpreta como un hombre», siguiendo un constructo social determinado por el patriarcado. El «tercero» de esta colectividad homosocial es un constructo sexuado.

La salida de esta trampa, en gran medida, viene a través de las evaluaciones de la *poética del texto social* que vengo proponiendo.

IV. El sociotexto: el entimema y la matriherencia en los textos de mujeres

El sociotexto

El término *sociotexto* atañe a propuestas adicionales dentro de un esquema más general acerca de lo que he llamado previamente *texto social* en la literatura femenina. Este concepto se introdujo no como una estructura estática sino como un conjunto de funciones variables para dar cuenta de algunos factores comunes en textos poéticos de periodos diferentes, cada uno en su propio contexto histórico. En el marco de la textualización del punto de vista de la mujer, los constructos de voz y conciencia estratégica de la mujer son descritos y mostrados para ser parte del mundo representado en el que

---

47. Mi texto se basa en el análisis de unas treinta antologías de poetas hispanoamericanas del modernismo al presente.

interactúan conjuntamente tanto los sociolectos patriarcales y culturales como el idiolecto del poeta.

Para examinar la visión del mundo de una mujer a diferencia de la del patriarcado la noción de estrategia en el programa artístico del poeta debe verse esencialmente como un factor dinámico.

Una poética del texto social invita a un análisis más amplio o un análisis en el que, junto con el nivel temático, deben tomarse en cuenta varias tensiones y relaciones de diferencias internas en los textos escritos por mujeres. O sea, un análisis que comprenda la inclusión de continuidades y discontinuidades sistemáticas en un texto dado en relación con otras prácticas discursivas. Así concebido, el «texto social» permite percibir las instancias de *representación* y las *prácticas metatextuales de la escritura*, enlazando el discurso poético con el mundo extra-textual a través de la voz de la mujer. Este enlace es válido solo en la medida en que el sistema comunicativo de un poema se considera en el complejo de relaciones intratextuales y extratextuales. Consciente de la necesidad de elucidar otros puntos importantes y de complementar aquellas previas sugerencias, me referiré al *sociotexto* limitándome ahora a las correlaciones generales que no pertenecen al campo de la representación sino a aquellas que tienen implicaciones textuales en la composición artística.

[...]

El marco general dinámico del sociotexto que propongo incluye una comprensión de lo «probable» en los textos escritos por las mujeres, una comprensión de la práctica significante específica que funciona como discurso en el mundo social. En la intersección de lo extratextual con lo textual, existe un *locus* crucial de encuentro entre el *yo*, el *ser social*, el *sujeto-que-escribe* y el *sujeto de lo enunciado*. Todos ellos están condicionados por los mecanismos de la producción discursiva y al mismo tiempo los modifican. La evaluación social, las normas implícitas y las coacciones formales interactúan a través del «fenómeno cambiante del lenguaje» en el horizonte de la recepción, tanto en el acontecimiento de la creación artística y el advenimiento del texto en su proceso de creación, como en el de la matriz histórica en el que este se inserta.[48] El sociotexto remite a las múltiples dimensiones de un discurso dado mediante el cual se rechazan o se aceptan diversas jerarquías externas, al mismo tiempo que propone un orden dinámico nuevo partiendo de actitudes contextualizadas en el interior que critican aquellas jerarquías.

Para considerar el sociotexto es de igual importancia valorar la correlación estética entre la noción de mujer-usuaria del lenguaje y la de productora del texto, que participa en el desarrollo de la *socioestática* y de la *sociodinámica* dentro del discurso, a la vez que las transforma. Aunque las convenciones literarias y las normas poéticas por definición están sujetas a cambios continuos, en el acontecimiento de la creación artística y especialmente en el caso de la escritora, estas convenciones y normas aparecen como pre-fijadas, pre-formadas, ya establecidas, y por lo tanto, estáticas, debido a que ya forman parte de las fuerzas sociales que luchan para preservar el equilibrio dominante pre-existente en una sociedad dada. En respuesta a ese fenómeno y en su función del sujeto-que-escribe, la escritora busca relaciones contextuales de oposición, estrategias de resistencia y otros elementos que, mediante innovaciones, desestabilizarán el *stasis* de lo establecido. De ese modo se libera una dinámica que actúa contra las prácticas discursivas ya existentes. Las correlaciones sociotextuales revelan el proyecto estético del sujeto y sus vínculos textuales dentro o fuera de una sociedad o una comunidad específica.

Dadas todas las variables que entran en juego en el sociotexto, el mundo *representado* y el mundo *empírico* se encuentran como dos correlativos sin fusionarse el uno con el otro. El sociotexto que sugiero no remite a una instancia que deriva de la sociocrítica (aunque ambos coinciden en puntos cruciales), ni de la sociología, de la sociolingüística o de la psicología social. Es, simplemente, un desarrollo más profundo de las funciones de lo social en el discurso dentro de la compleja gama de problemas de crítica literaria que nos plantea un análisis de *probables* formas en

---

48. Véase Jan Mukarovsky, *The World and the Verbal Art: Selected Essays*, Londres, New Haven, 1977.

que puedan manifestarse los *géneros sexuales*, y que a la vez supone alguna diferencia de funciones de uno u otro en un texto.

El análisis sociotextual que propongo nos invita a integrar no solamente los aspectos aprehendidos e interpretados en los textos poéticos y discursos individuales, sino que también le abre el camino al discurso crítico para evaluar con mayor amplitud cada discurso específico en cuestión. Las prácticas discursivas poéticas y críticas se sitúan entonces en interacción en tanto que productos ideológicos; tanto el texto analizado como el texto analizador sitúan el sujeto-que-escribe en interrelación con el sujeto que analiza. Ambos constituyen dos signos distintos; la primera y más implícita relación de las practicadas en la semiótica es la del sujeto como unidad social sobre todo ideológica. Este aspecto es también importante en la crítica del discurso poético, sobre todo en la poética de la lírica.[49]

Las dimensiones sociotextuales entretejen un espacio discursivo estratégico en el que algunos conceptos claves deben contextualizarse según la *posición crítica del sujeto* y la supuesta diferencia del discurso. Además, estas dimensiones agrupan correlaciones producidas por la posición de un texto dado en relación con otros textos,[50] con el discurso y con los textos culturales en el mundo social. Esto es particularmente importante si nos damos cuenta de que, en el acto de creación artística, el sujeto-que-escribe construye una concepción del mundo en el texto, mundo plurivalente y susceptible de variantes de interpretación. El texto a su vez transmite esta propuesta de visión del mundo, y en la práctica de la lectura interpretativa, la concepción del mundo propia del intérprete activa aún otra visión. Así pues, formando parte de un proceso, la escritura, el texto y las prácticas de lectura se interrelacionan de maneras dinámicamente diferentes.[51] En

---

49. Entre los pocos estudios que exploran el problema de la lírica como discurso en un contexto que complementa al presente estudio, es particularmente valioso el libro de Anthony Easthope, *Poetry as Discourse*, Londres/Nueva York, Methuen, 1983.

50. Entre los pocos trabajos que exploran la ideología de la lírica, véase *ibíd.*

51. La bibliografía es amplia, pero consúltese Josué V. Harari (ed.), *Textual Strategies: Perspectives in Post-Structuralist Criticism*, Ithaca, Cornell University Press, 1979; Wolfgang Iser, *The Act of Reading: A Theory of Aesthetic Response*, Baltimore,

la creación artística, la noción de «textos escritos por mujeres» es en sí un condensador de diferenciaciones internas, marcadas no solo por el género sexual, sino por otras yuxtaposiciones que se pueden agrupar en el texto social y el sociotexto respectivamente. Es importante recordar que, según Bajtin/Voloshinov, si consideramos el discurso en un sentido más amplio como un fenómeno de intercambio cultural, este cesa de ser algo autónomo y no puede ser comprendido independientemente de la situación social que lo generó. Esta situación social forma parte de las dimensiones extratextuales que el sociotexto incorpora como *lo no enunciado* sin negarle la importancia al contenido propiamente tal de la obra. Dicho contenido se sitúa dentro de un marco más amplio de evaluaciones subyacentes, proporcionando una función marcada ideológicamente. Queda implícito que el aspecto temático es un elemento entre muchos otros, aunque gran parte de la crítica literaria se haya concentrado con preferencia en temas y contenidos durante mucho tiempo. Los temas, por ejemplo, como parte del contenido, están determinados por interrelaciones dominantes diferentes que actúan desde dentro y desde fuera del texto. [...]

Las problematizaciones de «*cuerpo* y *mujer* como conceptos, han sido puntos de encuentro y desencuentro en la construcción de una teoría del discurso feminista y del discurso sobre mujeres (en el ámbito francés y norteamericano) a partir de aproximaciones psicoanalíticas, legislativas, literarias, lingüísticas.[52] Hablaré desde la perspectiva de las «restricciones paradigmáticas», situándome entre las nociones claves de *lo mismo* y del *espacio mismo de diferencia*.[53] Al mismo tiempo quiero recordar que los cons-

The Johns Hopkins, University Press, 1978; Susan Suleiman e Inge Crosman (eds.), *The Reader in the Text: Essays on Audience and Interpretation*, Princeton, Princeton University Press, 1980; Jane Tompkins (ed.), *Reader-Response Criticism: From Formalism to Post-Structuralism*, Baltimore, The Johns Hopkins University Press, 1980.

52. Sintetizo aquí mi extenso trabajo «Sieving the matriheritage...», *op. cit.*, intentando aclarar, en lo posible, añadiendo ejemplos del mundo hispánico, puesto que mis ejemplos provienen de la poesía escrita por mujeres en los Estados Unidos desde 1970. Como ya señalé existen versiones en español (alguna poco afortunada) de este extenso ensayo.

53. Tomo la frase de Elizabeth Meese, *Crossing the Double-Cross: The Practice of Feminist Criticism*, Chapel Hill, University of North Carolina Press, 1986, p. 137.

tructos *mujer, escritura* y *cuerpo* han estado presentes en todas las formas de análisis críticos feministas.[54]

El «yo» textualiza y constituye el sujeto-que-escribe en una semiosis concreta de su contexto situacional (acontecimiento) transreferencial, en el territorio de las fronteras del sistema cerrado de la hegemonía patriarcal y de la infinitud de discursos posibles.[55] El texto viene a modificar la hegemonía discursiva; es una instancia de separación del yo mientras obtiene nuevas interrelaciones en la amplia esfera de la cultura. Ambos principios —el de anulación y el de infinitud— son horizontes virtuales en el acontecimiento de la creación, en el cual el sujeto-que-escribe se forma en la medida en que el yo intenta dejar de ser meramente el discurso de otro, separándose al mismo tiempo que fusionándose con y en el discurso, para demarcar su propia existencia en relación con las demás prácticas discursivas.[56] [...]

Los dos polos que inician la actividad de la práctica significante son el yo (inmaterial) y el cuerpo (material). En todos los seres humanos se dan ambos polos: el de *diferencia sexual* es subsiguiente a la primera relación, ya que todo ser socializado recibe lo masculino y lo femenino para incorporarlo en la designación semiótica como un referente en relación al cuerpo (de hombre o mujer) y al constructo del ser social. Un conjunto de ideologías viene a integrarse en la esfera del ser social y su relación con el mundo social donde pre-existe el lenguaje (como expresión del otro). Las ideologías y sus estructuras socioculturales y normativas, códigos interiorizados, medios de asimilación y de

---

54. La literatura sobre el tema es amplísima, desde Jane Gallop con el psicoanálisis, hasta las teorías sobre el cuerpo de Monique Wittig.

55. Me parece evidente que empleo «contexto situacional» y «acontecimiento» en el sentido preciso que Bajtin/Voloshinov le confiere a los términos: el lenguaje pensado en concreto, puesto que el enunciado se construye entre dos personas socialmente organizadas.

56. Véase Julia Kristeva, *Semiotikè* (trad. de José Martín Arancibia), 2 vols., Madrid, Fundamentos, 1981[2]. Julia Kristeva, partiendo del lenguaje matemático, define el lenguaje poético como una infinitud potencial, una serie de posibilidades factibles. Mi propuesta *se opone* a este modelo: las correlaciones que sugiero se acercan más al concepto de *infinitud* que propone la psicofísica, entendida como una dimensión de la existencia. No es el momento de desarrollar más este punto, que ligo a lo que he llamado «lo transmaterial» del lenguaje.

indoctrinación, modos de resistencia y de evaluación específica, se orientan hacia el ser social y el sujeto los articula en el acto de escritura. El acontecimiento creador es una constelación dinámica en la cual la palabra interna del yo se transforma en el enunciado exterior. [...] Son además representación del otro, pero dialogizadas y sujetas a las dimensiones textuales, que reciben y ofrecen al mismo tiempo una evaluación discursiva.

En este proceso hay múltiples variables que aparecen inscritas en el sujeto-que-escribe y que conciernen al yo, al ser social y a la experiencia como parte del mundo interior y su articulación en una forma del mundo exterior (en un *lenguaje dado*). Este es el espacio de la orientación social; en palabras de Bajtin/Voloshinov: «La transición del discurso interno de la experiencia a un enunciado externo es el primer paso en la creación ideológica y literaria. La orientación social, que ya estaba o bien establecida o sugerida por la experiencia, se fija en esta etapa».[57] Esta transición es dinámica; tanto la ideología cuanto la forma en el acontecimiento de la creación artística, no están *dados*, sino que toman posición en relación directa con el sujeto».[58] [...]

El sujeto-que-escribe introduce conexiones y fronteras que son tanto producto de la historia cuanto material para subsiguientes prácticas significantes. Cuando la construcción de «mujer» penetra en el campo estético del discurso, también llega a ser una concreción de un ser específico, que no es ni entidad normativa ni trascendente. Como forma de representación (discursiva), puede aparecer bajo la forma de una identidad concreta que alcanza coherencia en su individualidad y su unidad de relaciones.[...] Para poder situar el sujeto-que-escribe en el contexto amplio del discurso social, invertiré el paradigma convencional de *la mujer como otro* (el otro del hombre, el otro psicoanalítico), para proponer el paradigma *la*

---

57. M. Bajtin, «Literary Stylistics», en Ann Shukmann (ed.), «*Bakhtin School...*», *op. cit.* (trad. de Moel Owen), pp. 93-152.

58. M. Bajtin / P.N. Medvedev, «The Formal (Morphological) Method or Scholarly Salierism» (trad. de Ann Shukman), en Ann Shukman (ed.), «*Bakhtin School...*», *op. cit.*, pp. 51-65.

mujer y el otro.[59] El otro es, como veremos, el sujeto mismo, en sus distintas posiciones de sujeto. Las dos correlaciones más importantes que funcionan en este paradigma, que se basa en la idea de que toda identidad es relacional, son:

Aquel (la) que no es yo —— El ser social
El otro:
Aquello que no es yo ——— El mundo social

Empleando esta inversión, la socialidad del *otro* en correlación con el sujeto-que-escribe ocurre como resultado de una inscripción posicional discursiva más que como presencia estática, como momentos de identificar más que como identidad. Es por tanto una instancia relacional; una posición discursiva del sujeto.[60]

Creo que el paradigma relacional y posicional que propongo se aclarará si ofrezco un ejemplo clarísimo: el discurso afroamericano es un proceso discursivo que revela simultáneamente su posición de sujeto silenciado o marginado en el marco del sistema esclavista, cuanto restauración o inscripción —como texto ajeno— del discurso *otro* que lo excluye. El texto ajeno se inscribe, podríamos decir, con el propósito subversivo de transmitir mensajes opositivos diferentes. Posteriormente, el proceso se va modificando, y crea hacia 1960 un metadiscurso con nuevas apropiaciones semióticas del otro en una práctica interdiscursiva polémica (como ya he desarrollado en otras páginas).

Pensado en el marco de lo dialógico, este paradigma nos permite releer la *identidad* del sujeto-que-escribe como una posición relacional, en proceso de reapropiación, neutralización y

---

59. Sobre estos otros, Toril Moi ofrece una interesante síntesis; T. Moi, *Teoría literaria feminista*.

60. En el diagrama que propongo, las configuraciones del otro son signos de la no-persona situada fuera del sujeto-que-escribe. *Ce/celui*, «aquello que», o «aquel que», en tanto que tercera persona remite a un signo de ausencia, una no-persona «situada fuera del discurso». Re-acentúo a Roland Barthes, «To Write: An Intransitive Verb?», en Richard Mackesey y Eugenio Donato (eds.), *The Structural Controversy*, Baltimore, The Johns Hopkins University Press, 1972, pp. 134-156. Véase también Émile Benveniste, *Problemas de lingüística general*, 2 vols., México, Siglo XXI, 1978.

restauración de la voz a la que se opone. Así pues, el (re)inscribirlo como lugar relacional en el sistema dialógico, supone una respuesta ideológica. Los ejemplos abundan: la producción textual de sor Juana en cuanto sujeto-que-escribe en el México colonial desde el interior del sistema religioso (patriarcal) y la de Garcilaso el Inca, como mestizo peruano, entre otros.

[...] Este es el marco de referencia en que debemos situar propiamente la estrategia relacional del sociotexto de la mujer que escribe. El sujeto-que-habla o el sujeto-que-escribe no es únicamente agente activo o pasivo, sino una *socialidad deíctica*, una fuerza sociodinámica, no un centro unificado que orienta las correlaciones y las coexistencias entre el yo y el otro, entre el sujeto hablante y el sujeto-que-escribe. El otro —como *alienus*— está articulado en el discurso, y no es texto ajeno proveniente del mundo social, sino un componente del sujeto-que-escribe. La voz ajena (el discurso ajeno) puede tomar su posición como otro sujeto hablante; en cuanto enunciado, puede integrarse en el mundo textual como *representación*, o denotarse textualmente como lo «no dicho» o «no enunciado».

Este es el marco de referencia para estudiar la *representación*; a riesgo de repetirme, la representación es discursiva, una forma de inscribir al otro y su voz. Por tanto, el lugar relacional dialógico del sujeto-que-escribe con los sujetos-hablantes extratextuales no es ni estructura fija ni es estática la función sociotextual que cumple para activar nuevos textos en los lectores. [...]

En el contexto propuesto, de la mujer como ser social, se despliega una distinción entre la mujer como *autora* (condición biográfica estática), y como sujeto-que-escribe (escribiente, escribidora); distinción siempre cambiante, que no la reduce al sujeto empírico, pero que al mismo tiempo no la separa del mundo social. De la misma forma, el ser social no es totalmente autónomo de la estructura del mundo representado. En cuanto autora, es una función del mundo social (lo que ya hemos analizado como función de autor), y en cuanto escritora, pertenece al terreno de las prácticas significantes. [...] Pero describir a la mujer como *ser social* exige todo un conjunto de replanteamientos que puedan reenfocarla dialógicamente como un ente individual, en el sistema amplio de fronteras y contradicciones sociales, en el cual la asimilación, la indoctrinación y, sobre todo, las formas de internalización del mundo homosocial del patriarcado son los mecanismos mediante los cuales las relaciones, las divisiones y las cesuras entre el yo, el ser social y el mundo social ocurren. [...]

El factor que llamaré *matriherencia* (no patrimonio femenino, como se me tradujo en España) —o sea, la continuidad ininterrumpida o «memoria histórica» de las estructuras patriarcales del discurso genérico que perduran en la práctica discursiva mediante los procesos enumerados— reclama una crítica dialógica que ponga al descubierto la voz hegemónica (textual o hablada) que ha intentado fijar y monologizar el discurso social, perpetuando únicamente una sola voz en el vasto universo del discurso. [...] Toda esta «memoria histórica» (lo que Gramsci llamaría el «sentido común» o la ideología orgánica sedimentada, y la sociología posestructuralista, *habitus*) del discurso genérico, la matriherencia inscrita, sedimentada en el discurso, indica que resulta imposible para la teoría y crítica feminista describir o revelar solo un enunciado individual (el de la mujer, en las funciones descritas), dejando de lado su diálogo de asimilación o antagonismo con el patriarcado.[61] Ambas voces están en intersecciones, confrontándose en la palabra misma —*slovo*— en una interacción que, como lo dialógico, nunca es fija, y dicha palabra está siempre abierta al diálogo, a la polémica, a la respuesta, y, especialmente, a significados futuros o potenciales, como ya he sugerido antes.

La estrategia textual de desplazar esta matriherencia (la memoria histórica del discurso genérico y homosocial del patriarcado, que denota y connota la herencia cultural, los códi-

---

61. Si una ideología (el discurso genérico) ha de tener coherencia interna, ha de tener también un sistema básico de conceptos y proposiciones. El problema ha preocupado desde muchos ángulos a Antonio Gramsci y a Althusser. Es obvio que al definir así la *matriherencia* re-acentúo la memoria histórica, el *habitus*, lo orgánico, en otra dirección. Re-acentúo asimismo el término «memoria histórica», empleado con frecuencia por la «Nueva historia» o «Nouvelle histoire», véase Jacques le Goff, *Histoire et mémoire*, París, Gallimard, 1986.

gos, géneros discursivos y textos canónicos) y otros textos (políticos, morales, tradicionales) como *el otro*, y de re-apropiarlos y re-acentuarlos en una gran variedad de formas, nos revela la multitud de matices y posiciones de sujeto entre los feministas, no feministas u orientados hacia la mujer, o los masculinistas (término crítico que prefiero al de *machistas*).

Todo depende, en definitiva, de cómo se refracte la voz del otro (o el texto ajeno), y los grados de aceptación o polémica. Un par de ejemplos bastan: la identificación (sexual) del discurso orientado hacia la mujer, tan diferente entre, digamos, Adrienne Rich y la internalización del patriarcado de Marguerite Yourcenar, o los grados y posiciones de sujeto entre el discurso orientado hacia la mujer o identificado con el patriarcado de Gabriela Mistral, y las complejidades de sor Juana (y Teresa de Cepeda y Ahumada), con el sesgo irónico al refractar el discurso ajeno en su propia voz, aparentemente internalizando toda la matriherencia. Las posibilidades estratégicas son innumerables; y nos alejan de lo puramente tematológico, así como de la representación (entendida como mimesis o discurso referencial).

La mujer que habla: «Madame Texte»

Si la *matriherencia* es *lo dado*, otras formas de enunciado pertenecen al universo de *lo creado*. Las restricciones formales y las normas implícitas —como formas *no dichas* del texto ajeno— desempeñan un papel importante en la relación entre el yo, el ser social, el sujeto-que-escribe y el texto artístico. La posición del sujeto-que-escribe con relación a estas fuerzas no es simplemente virtual en el orden simbólico o trascendental en la constante reposición de significados, sino que es más bien una operación concreta que tiene efectos en la dialéctica de la producción y re-acentuación-recepción sociotextual.

Dado que «toda actividad humana está gobernada por restricciones», la escritura no está exenta de ellas. En el acto comunicativo iniciado por el sujeto-que-escribe dentro del continuo dialógico del discurso, existe un horizonte de la realización virtual del texto que se orienta hacia un lector implícito, en el cual el texto queda abierto para nuevas estrategias (y sentidos).[62] En la situación comunicativa interna del texto artístico, la presencia del *interlocutor*, del que *escucha* o el que *entiende* está implícita. [...] Elegir un sujeto hablante femenino implica identificar la representación textual con un ser social genérico (sexual) —el sujeto-que-escribe puede ser masculino o femenino, como hemos visto. Esta decisión debe distinguirse del ser social y el yo que concibe tales constructos (es decir, existe una diferencia entre la sexualidad biográfica y la representación de lo sexual en el texto). [...] En este sentido, la noción de *escritura de mujer*, como noción de la figuración del cuerpo, es un sujeto constituido como signo y producto ideológico; los textos escritos por mujer parten de una conciencia estratégica específica, e introducen otras relaciones donde lo textual y extratextual se yuxtaponen. Toda una gama de restricciones, constricciones y mutilaciones ha inducido históricamente a una serie de estrategias. Como botón de muestra pensemos en la definición siguiente: «el discurso no es otra cosa que la lengua en tanto el *hombre* la emplea». Aquí A. Greimas cita a E. Benveniste para situar el sujeto en el sistema discursivo.[63] Mi propia estrategia, en este caso, acentúa la simple sustitución de la palabra *hombre* por *mujer* —«el discurso no es sino la lengua asumida por la *mujer* que habla»— lo que significa algo más que un mero cambio de género: revela una dimensión sociocultural. *La mujer que habla, la mujer que escribe*; en esa actualización del sujeto hablante femenino aparece un horizonte doble, «el mundo» en general, y el mundo del patriarcado. La palabra de la mujer que es consciente de ser mujer en el patriarcado habla desde esta dualidad dialógica.

---

62. Se observará que me apoyo más en Bajtin/Voloshinov, «Discourse in Life...», *op. cit.*, que en las propuestas de Umberto Eco sobre el lector implícito y la cooperación textual; véase U. Eco, *The Role of the Reader*, Indiana University Press, 1979, y *Lector in fabula*, Barcelona, Lumen, 1981. Eco parte de una semiótica de los códigos, mientras Bajtin/Voloshinov propone una semiótica de la comunicación.

63. A. Greimas, *Sémiotique et sciences sociales*, París, Seuil, 1976, p. 10.

Los enunciados en la vida real y en los textos constan de dos aspectos: aquellos que se realizan verbalmente y su situación no verbal, y lo implícito (*podrazumevaemoe*). Para explicar esta inserción recíproca en el discurso, Bajtin/Voloshinov sugiere una analogía con el concepto aristotélico de *entimema*. De acuerdo a la lógica, es un silogismo en el cual una de las premisas no se manifiesta, sino que queda implícita. Este aspecto de lo no-verbal no es un aspecto externo, sino que constituye la estructura misma de lo enunciado. La importancia del entimema consiste en que determina la «*selección* misma de las palabras, y la *forma* de la entidad verbal»;[64] cada instancia de selección del material lingüístico le confiere una evaluación específica y una orientación extratextual al acontecimiento artístico.

Re-acentúo el término bajtiniano orientándolo en una dirección muy distinta, para re-examinar desde la perspectiva de *lo no enunciado, lo no dicho*, el papel que desempeña la evaluación tácita en el discurso de las mujeres. El análisis entimémico que sugiero nos conducirá al descubrimiento de un sistema múltiple de posiciones valorizadoras que el sujeto-que-escribe acepta tácitamente de la forma, ya que este sistema valorativo está estrechamente vinculado con lo que se dice. [...] Subraya que la presencia de *lo no dicho* está ligada mediante la interacción de tres participantes en el discurso: el hablante, el que escucha y el tema (de quien se habla) o héroe (que es la terminología empleada). [...] En este paradigma es importante la función del oyente o el que escucha en relación con la forma; de tal manera que entenderemos por *oyente* un destinatario que imagina el sujeto-que-escribe, como un elemento que determina la forma del enunciado. El oyente es parte de lo no-verbal, aparece como una entidad implícita añadida, un *entimema*. Si nos centramos en esta entidad podremos trazar el espectro de evaluaciones, normas y constricciones que se actualizan al emplear las convenciones de la tradición, tal y

---

64. Mijail Bajtin / V.N. Voloshinov, «Discourse in life..», *op. cit.*, p. 13.

como estas están estructuradas en el texto. Lo que quiero decir es que cada forma tiene una memoria histórica de valoraciones y coloraciones; el entimema permite el estudio de las ideologías (entendidas como sistema de valoraciones, la doxología) en la estructura misma de las formas poéticas.

Mi propuesta es que analizar el *entimema*, permite captar las «suposiciones en común» aceptadas y, especialmente, señalar el papel que desempeña el depósito (memoria histórica de la matriherencia) de la «evaluación presupuesta» en común, que forma parte de la voz interna del sujeto-que-escribe.[65] El entimema es algo objetivado y no individual; proyecta el *habitus* o ideología orgánica o memoria histórica colectiva. En un sentido general puede contener implícitamente la «atmósfera de sentimiento compartido», de movimientos artísticos, identidades culturales, raciales y sociales. Se podría decir, empleando un vocabulario posestructuralista, que es un imaginario compartido. En todo caso, lo importante a mi juicio es que los textos escritos por mujeres en un periodo dado pueden contener como aceptada, como algo inherente, gran parte de las estructuras de la tradición. De tal manera que la forma del texto corresponde implícitamente a una expresión de «absoluta confianza en la simpatía (comprensión) de los oyentes/lectores».

Pero, como es natural, el entimema es dialógico, y no solo revela el asentimiento: puede tomar la forma de «descontento compartido». En este punto intencional (podríamos decir), emerge como *elemento enigmático* otra participante (además del oyente/lector concreto). Si las evaluaciones compartidas se centran en el desafío del patriarcado, la hablante desafía lo implícito mediante un tono de irritación no verbalizado (Sylvia Plath, por ejemplo). En otros casos, determina lo tácito o evaluaciones compartidas por un colectivo de mujeres. En resumen: el entimema no es un elemento ajeno ni está fuera de los otros elementos que estructuran un texto. [...] Si retomamos mi esquema inicial, en el doble planteamiento del sujeto hablante con el *otro* —«aquel(la) que no es yo = ser social» y

---

65. *Ibíd.*, pp. 12-15.

«aquello que no es yo = mundo social» como elementos externos del texto—, podemos convenir que en la estructura interna, estas correlaciones se puede corresponder con el «oyente» y el «tema» bajtinianos. «El otro» toma la forma de un «sujeto que escucha» en el enunciado artístico, incorporando así el punto de vista de otro co-partícipe implícito. Según Bajtin/Voloshinov, este *co-participante* determina no solo el contenido del enunciado, sino la *elección* misma del contenido, que determina a su vez las *evaluaciones* que penetran en la conciencia. [...]

Analizar el entimema en los textos escritos por mujeres es llevar a cabo una operación de análisis bastante diferente; supone dar voz a este «oyente» que imagina y textualiza el sujeto-que-escribe como co-participante implícito. Este «oyente» puede ser aliado o adversario; en todo caso la presencia de este *otro* implícito genera grados de entonación y tonalidad expresiva (humor, ironía, sátira). Asimismo, puede inscribirse en otra correlación sociotextual fundiéndose con nuestras propias valoraciones (si estas forman parte de una colectividad) y se aceptan como norma. En cambio, si una valoración (o valor) se expresa abiertamente, podríamos concluir que se ha vuelto equívoca, que se ha separado del sujeto: ha dejado de ser centro organizador de su vida, y por tanto, el sujeto ha perdido su relación (identificación) con esa colectividad.

Este marco de referencia, nos permitirá desarrollar el *entimema*, en direcciones no pensadas por el círculo de Bajtin. Si pensamos en el *entimema* en los textos escritos por mujeres, y partimos de su co-participación en el proceso de escritura, este «dado colectivo» debe entenderse por lo menos en los siguientes tres sentidos: 1) como una colectividad orientada y dominada por el patriarcado; 2) como una colectividad dominante (que puede incluir al patriarcado, pero que está estructurada y controlada por fuerzas hegemónicas dentro de un orden sociopolítico y económico); 3) como una colectividad no-dominante. Las tres posibilidades son muy distintas, sin embargo, no se excluyen mutuamente en un mismo texto. (Volvemos al con/y o la coexistencia de la dialogía.)

Los ejemplos abundan, pero es más evidente si retomamos el movimiento del entimema en la poesía afro-americana desde fines del siglo XIX. La inscripción del dialecto, de formas coloquiales y vernaculares, indica el pasaje de la aceptación de las normas y convenciones de la colectividad «blanca», a la afirmación de sus propios valores y «dados colectivos». Lo que antes se había excluido y silenciado de los textos, se reintroduce ahora. [...] Así, por ejemplo, la poesía en dialecto era práctica exclusiva de los varones e «inapropiado para señoras»;[66] si en el siglo XIX las poetas afro-americanas se negaron a escribir en dialecto, esa misma decisión estratégica constituye una evaluación implícita del dominio masculino sobre el discurso afro-americano de aquel periodo. Las voces hegemónicas que reconstruimos mediante el entimema estarían compuestas por, al menos, el patriarcado en este caso (en su doble naturaleza homosocial y racista) y el mundo hegemónico de la sociedad blanca. Los ejemplos abundan en cada cultura.[67]

También podríamos aducir el ejemplo de aquellos momentos en que el sujeto-que-escribe y el sujeto hablante están en correlación, al elegirse un lenguaje específico. Unos cuantos ejemplos (de los Estados Unidos) bastarán: el discurso afro-americano con el inglés estándar, el de la «niuyorican» con el inglés o el español y su valoración de las prácticas consideradas como «correctas» en una u otra lengua, el de las chicanas, o el de las asiático-americanas. En las sociedades y culturas plurilingües, el estudio del entimema como red de valoraciones puede ser fructífero. Determinada por el entimema, la for-

---

66. La frase proviene de Gloria T. Hull, «Afro-American Women Poets: A Bio-Critical Survey», en Sandra M. Gilbert y Susan Gubar (eds.), *Shakespeare's Sisters*, Bloomington, Indiana University Press, 1979, pp. 165-182.

67. Había propuesto el examen de Gwendolyn Brooks, con el giro gradual de las valoraciones no-dichas. En la práctica del discuro afro-americano, la función del entimema debe distinguirse del de otras mujeres cuya identidad se orienta desde y hacia otras colectividades. Por ejemplo, el discurso feminista contemporáneo, en la poesía de Adrienne Rich, en que el entimema sirve como ejemplo de las transformaciones del acto valorativo, íntimamente conectado a las reorientaciones ideológicas del sujeto-que-escribe. La lectora interesada puede consultar mi traducción de la poesía de Rich, *Antología poética 1951-1981*, Madrid, Visor, 1981 (Colección Visor de Poesía).

ma artística reinstaurará las polémicas internas; a través de lo dicho podremos escuchar *lo no dicho*.

Lo que sugiero es que el estudio del entimema nos permitirá reconstruir los componentes textuales destinados a descubrir, dentro de las diferencias, los trazos de la matriherencia (residuos del *habitus*), que nos revelarán el vínculo entre el mundo de evaluaciones y valoraciones con la forma poética misma. En palabras más claras: mediante esta reconstrucción podemos escuchar la voz de oposición en la forma misma. Las formas lingüísticas y estéticas que pre-existen a lo textual, adquieren mediante re-acentuaciones, reescrituras y reciclajes nuevos sentidos, se des-territorializan, se des-privilegian, se dialogizan internamente. [...]

Para terminar, retomaré la conclusión general sobre el sociotexto y el entimema que sugerí al principio. Para analizar lo específico en el discurso (poético) de la mujer, el factor de género sexual —esa constante de la matriherencia o memoria histórica— ha de ponerse en correlación con los otros elementos textuales internos, y enfocarse desde el punto de vista de la relación mutua. Así, a mi juicio, nociones aisladas como las de *la clase*, *el género sexual* o *la raza* resultan insuficientes si no se sitúan en un marco más multi-dimensional, en el cual la producción cultural de la mujer forme parte del discurso social y de la vida discursiva. Solo en este contexto dialógico e interdisciplinar —a varias voces— será posible integrar el sociotexto y la poética social que sugiero para reconocer, desde las diferencias de los textos escritos por mujer, a los extranjeros que llevamos y que nos hablan dentro.

BIBLIOGRAFÍA ESCOGIDA

Iris M. Zavala

Achúgar, Hugo, y John Beverley (eds.): *La voz del otro: Testimonio, subalternidad y verdad narrativa*, Lima/Pittsburgh, Latinoamericana Editores, 1992.

Adinolfi, Giulia: «Sobre las contradicciones del feminismo», *Mientras Tanto*, 1 (1979), pp. 15-17.

—: «Sobre "subculturas femeninas"», *Mientras Tanto*, 2 (1980), pp. 23-26.

Aldaraca, Bridget: «"El ángel del hogar": The Cult of Domesticity in Nineteenth-Century Spain», en Gabriela Mora y Karen S. Van Hooft (eds.), *Theory and Practice of Feminist Literary Criticism*, Ypsilanti, MI, Bilingual Press, 1982, pp. 62-87.

Althusser, Pierre: *Pour Marx*, París, 1965.

—: *Lire le capitale*, París, Maspero, 1968.

—: *Lénine et la philosophie*, París, Maspero, 1989.

Amorós, Cèlia: *Hacia una crítica de la razón patriarcal*, Barcelona, Anthropos, 1985.

— (ed.): «*Feminismo y ética*», *Isegoría* (Madrid), 6 (1992).

Anderson, Bonnie S., y Judith P. Zinsser: *Historia de las mujeres: una historia propia* [1988], 2 vols., Barcelona, Crítica, 1991.

—: Edición y apéndice: *Historia de las mujeres en España*, 2 vols., a cargo del Instituto de Investigaciones Feministas, Universidad Complutense, Madrid.

Andreu, Alicia G.: *Galdós y la literatura popular*, Madrid, Sociedad General Española de Librería, 1982.

Angenot, Marc: «Intertextualité, interdiscursivité discours social», *Texte*, 2 (1983), pp. 101-112.

Auerbach, Erich: *Mimesis. La representación de la realidad en la literatura occidental* [1950], México, FCE, 1975.

BAJTIN, Mijail: *Estética de la creación verbal* (trad. de Tatiana Bubnova).
México, Siglo XXI, 1985².

—: *La poética de Dostoievski* (trad. de Tatiana Bubnova), México, FCE,
1988.

—: *Teoría y estética de la novela* (trad. de Helena S. Kriukova y J. Vicente
Cazcarra), Madrid, Taurus, 1989.

— / P.N. MEDVEDEV: «The Formal (Morphological) Method or Scholarly
Salierism» (trad. de Ann Shukman), en Ann Shukman (ed.), «*Bakhtin
School Papers*», *Russian Poetics in Translation*, 10 (1983), pp. 51-66.

— / V.N. VOLOSHINOV: *El marxismo y la filosofía del lenguaje* (trad. de Tatiana Bubnova; intr. de Iris M. Zavala), Madrid, Alianza, 1993.

BARTHES, Roland: «To Write: An intransitive verb?», en Richard Mackesey
y Eugenio Donato (eds.), *The Structural Controversy*, Baltimore, The
Johns Hopkins University Press, 1972.

—: «L'effect de réel», en R. Barthes *et al.*, *Littérature et réalité*, París, Seuil,
1981, pp. 81-90.

—: *S/Z*, París, Seuil, 1970.

BEAUGRANDE, Robert de, y Wolfgang DRESSLER: *Introduction to Text Linguistics*, Londres, Longman, 1981.

BEAUVOIR, Simone de: *Le deuxième sexe*, París, Gallimard, 1949.

BENVENISTE, Émile: *Problemas de lingüística general* [1966], 2 vols., Buenos
Aires, Siglo XXI, 1971.

BERGER, John: *Ways of Seeing*, Londres, Penguin, 1985.

BLANCO, Alda: «Domesticity, Education and the Woman Writer: Spain
1850-1880», en Hernán Vidal (ed.), *Cultural and Historical Grounding
for Hispanic and Luso-Brazilian Feminist Literary Criticism*, Minneapolis,
Institute for the Study of Ideologies and Literature, 1989, pp. 371-394.

BLOOM, Harold: *Ruin the Sacred Truths: Poetry and Belief from the Bible to
the Present*, Cambridge, Harvard University Press, 1989.

BORNAY, Erika: *Las hijas de Lility*, Madrid, Cátedra, 1990.

BOVENSCHEN, Sylvia: *Estética feminista*, Barcelona, Icaria, 1987.

BROOKE-ROSE, Christine: «Woman as Semiotic Object», en Susan Rubin
Suleiman (ed.), *The Female Body in Western Culture: Contemporary
Perspectives*, Harvard University Press, 1986, 305-316.

CABANILLES, Antònia: «Cartografías del silencio. La teoría literaria feminista», en Aurora López y María Ángeles Pastor (eds.), *Crítica y ficción
literaria: Mujeres españolas contemporáneas*, Granada, Seminario de
Estudios de la Mujer, 1989, pp. 13-24.

CARROLL, David: «The Alterity of Discourse: From, History and the Question of the Political in M.M. Bakhtin», *Diacritics* (1983), pp. 72-74.

CHARNON-DEUTSCH, Lou: *Gender and Representation*, Amsterdam/Philadel-
phia, John Benjamins, 1991.

CIPLIJAUSKAITÉ, Biruté: *La novela femenina contemporánea (1970-1985). Ha-*

cia una tipología de la narración en primera persona, Barcelona, Anthropos, 1988.

CLIFF, Michelle: «A Journey into Speech», en *The Land of Look Behind*, Ithaca, Firebrand Books, 1985.

CULLER, Jonathan: *Sobre la deconstrucción* (trad. de Luis Cremades), Madrid, Cátedra, 1984.

CRUZ, sor Juana Inés de la: *Obras Completas*, México, Porrúa, 1977.

DELLAMORA, Richard: *Masculine Desire. The Sexual Politics of Victorian Aestheticism*, Chapel Hill, University of North Carolina Press, 1990.

DERRIDA, Jacques: *De la gramatología*, México, Siglo XXI, 1971.

DÍAZ-DIOCARETZ, Myriam: «Homosocial Arrangements: From Concept to Discourse», en Mattias Dyves *et al.* (eds.), *Among Men, Among Women: Sociological and Historical Recognition of Homosocial Arrangements*, Amsterdam, University of Amsterdam, 1983, pp. 441-449.

—: *Translating Poetic Discourse*, Amsterdam, John Benjamins, 1985.

—: «Faulkner's Hen-House: Woman as a Bounded Text», en Doreen Fowler y Ann J. Abadie (eds.), *Faulkner and Women. Twelfth Annual Faulkner and Yoknapatawpha Conference*, Jackson, University Press of Missisipi, 1986, pp. 235-269.

—: «Estrategias textuales: Del discurso femenino al discurso feminista», en *«La mujer en cambio»*, *Molinos* (marzo 1986), pp. 38-48.

—: «Sieving the matriheritage of the Sociocontext: The Dialogic and Writing by Women», Elizabeth Meese y Alice Parker (eds.), *The Difference Within: Feminism and Critical Theory*, Amsterdam, John Benjamins, 1988, pp. 116-147.

—: «Bakhtin, Discourse and Feminist Studies», *«The Bakhtin Circle Today»*, *Critical Studies*, 1, 2 (1989), pp. 121-139.

—: *Per una poetica della differenza*, Florencia, Estro Editrice, 1989.

—: «Para el discernimiento del patrimonio femenino del sociotexto», *Discurso. Revista Internacional de Semiótica y Teoría Literaria* (Sevilla), 5 (1990), pp. 129-144.

—: «El sociotexto: el entimema y la matriherencia en los textos de mujeres», en M.-Pierrette Malcuzynski (ed.), *Sociocríticas. Prácticas textuales. Cultura de fronteras*, Amsterdam, Rodopi, 1991, pp. 129-144.

—: «Framing Contexts, Gendered Evaluations, and the Anthological Subject», en Nicholas Spadaccini y Jenaro Talens (eds.), *«The Politics of Editing»*, *Hispanic Issues*, 8 (1992), pp. 139-156.

—: «El misterio entre el comunicar y el no querer o no poder decir», en M. Díaz-Diocaretz e I.M. Zavala (eds.), *Discurso erótico y discurso transgresor en la cultura peninsular. Siglos XI al XX*, Madrid, Tuero, 1992, pp. 1-10.

DURÁN, María Ángeles, *et al.*: *Literatura y vida cotidiana. Actas de las Cuartas Jornadas de Investigación Interdisciplinaria*, Madrid/Zaragoza, Se-

127

minario de Estudios de la Mujer / Universidad Autónoma de Madrid, 1987.

EAGLETON, Terry: *Literary Theory: An Introduction*, Oxford, Basil Blackwell, 1983.

EASTHOPE, Anthony: *Poetry as a Discourse*, Londres / Nueva York, Methuen, 1983.

ECO, Umberto: *The Role of the Reader*, Bloomington, Indiana University Press, 1979.

—: *Lector in fabula*, Barcelona, Lumen, 1981.

EL SAFFAR, Ruth: «La literatura y la polaridad masculino/femenino», en Graciela Reyes (ed.), *Teorías literarias en la actualidad*, Madrid, El Arquero, 1989, pp. 229-282.

EMERSON, Caryl: «The Outer Word and Inner Speech: Bakhin, Vygotsky and the Internalization of Language», *Critical Inquiry*, 10, 2 (1983), pp. 245-264.

FELMAN, Shoshana: «Women and Madness: The Critical Fallacy», *Diacritics*, 5, 2 (1975), pp. 2-10.

FERGUSON, Moira (ed.): *First Feminist: British Women Writers 1578-1799*, Bloomington, Indiana University Press, 1985.

FOUCAULT, Michel: *Las palabras y las cosas*, México, Siglo XXI, 1968.

—: *La arqueología del saber*, México, Siglo XXI, 1970 (1979[7]).

—: *El orden del discurso*, Barcelona, Tusquets, 1973.

—: *Historia de la sexualidad*, México, Siglo XXI, 1977 (1978[2]).

GOFF, Jacques le: *Histoire et mémoire*, París, Gallimard, 1986.

GOLDMAN, Lucien: *El hombre y lo absoluto*, Barcelona, Península, 1968.

—: *Para una sociología de la novela*, Madrid, Ayuso, 1975.

GOYTISOLO, José Agustín: *La noche le es propicia*, Barcelona, Lumen, 1992.

GREENBLATT, Stephen: «Culture», en Frank Lentricchia y Thomas Mc Laughlin (eds.), *Critical Terms for Literary Study*, Chicago, The University of Chicago Press, 1990, pp. 225-232.

GREIMAS, A.J.: *Sémantique structurale. Recherche de méthode*, París, Larousse, 1971. (Trad. española: Madrid, Gredos, 1971; 2.ª reimpr., 1976.)

—: *Sémiotique et sciences sociales*, París, Seuil, 1976.

— y J. COURTÉS: *Semiótica. Diccionario razonado de la teoría del lenguaje* [1979], Madrid, Gredos, 1982.

GUILLORY, John: «Canon», en Lentricchia, McLaughlin (eds.), *Critical Terms for Literary Study*, Chicago, University of Chicago Press, 1990, pp. 233-249.

HARARI, Josué V.: *Textual Strategies: Perspectives in Post-Structuralist Criticism*, Ithaca, Cornell University Press, 1979.

HJELMSLEV, Louis: *Essais linguistiques*, París, Minuit, 1971.

HURTADO, Amparo: «Las escritoras españolas y la enseñanza de la literatura», en Montserrat Moreno (ed.), *Del silencio a la palabra*, Madrid, Instituto de la Mujer, Ministerio de Asuntos Sociales, 1992, pp. 380-393.

HULL, Gloria T.: «Afro-American Women Poets: A Bio-Critical Survey», en Sandra M. Gilbert y Susan Gubar (eds.), *Shakespeare's Sisters*, Bloomington, Indiana University Press, 1979, pp. 165-182.

ISER, Wolfgang: *The Act of Reading: A Theory of Aesthetic Response*, Baltimore, Johns Hopkins University Press, 1978.

JAKOBSON, Roman: *Essais de linguistique générale*, París, Minuit, 1963.

JOHNSON, Barbara: «Rigorous Unreliability», en «*The Lesson of Paul de Man*», *Yale French Studies*, 69 (1985), pp. 73-80.

—: *A World of Difference*, Baltimore, Johns Hopkins University Press, 1987.

JORDAN, June: *Passion: New Poems, 1977-1980*, Boston, Beacon Press, 1980.

KIRKPATRICK, Susan: *Las románticas. Escritoras y subjetividad en España. 1835-1850*, Madrid, Cátedra/Univ. de València/Instituto de la Mujer, 1991.

—: «Toward a Feminist Textual Criticism: Throughts on Editing the Work of Coronado and Avellaneda», en Nicholas Spadaccini y Jenaro Talens (eds.), «*The Politics of Editing*», *Hispanic Issues*, 8 (1992), pp. 125-138.

KRISTEVA, Julia: *Semiotiké* [1969] 2 vols. (trad. de José Martín Arancibia), Madrid, Fundamentos, 1981².

—: *Révolution du langage poétique*, París, Seuil, 1974.

KRYSINSKI, Wladimir: «Bakhtine et la question de l'idéologie», *Études Françaises*, 20, 1 (1984), pp. 21-36.

LACAN, Jacques: *Écrits*, I, París, Seuil, 1966.

LERNER, Gerda: *The Creation of Patriarchy*, Oxford, Basil, 1986.

LÉVI-STRAUSS, Claude: *Les structures élémentaires de la parenté*, París, PUF, 1949.

—: *Mythologiques: L'origine des bonnes manières à table*, París, Plon, 1968.

LONZI, Carla: «Manifesto di rivolta femminile», en *Sputiamo su Hegel*, Milán, Rivolta femminile, 1974.

LUDMER, Josefina: *Onetti. Los procesos de construcción del relato*, Buenos Aires, Sudamericana, 1977.

—: «Tretas del débil», en Patricia Elena González y Eliana Ortega (eds.), *La sartén por el mango*, Río Piedras, Huracán, 1984, pp. 47-54.

LUKÁCS, Giorgy: *Ensayos sobre el realismo*, México, FCE, 1966.

—: *Problemas del realismo*, México, FCE, 1966.

LUNA, Lola: *Fundamentos para una sociocrítica* [tesina], Sevilla, Universidad de Sevilla, 1985.

—: «Lucrezia Marinellui y el "Gynaceum Hispanae Minervae" en la *Bibliotheca Sive Gentius Hispaniorum* de Nicolás Antinio», en *Miscel·lània entorn de l'obra del pare Miquel Batllori*, Barcelona, Generalitat de Catalunya, 1991, pp. 164-180.

—: «Las lectoras y la historia literaria», en *La voz del silencio. II. Historia de las mujeres. Compromiso y método* (ed. Cristina Segura Graiño), Madrid, Asociación Cultural Al-Mudayna, 1993, pp. 75-96.

MACHEREY, Pierre: *Pour une théorie de la production littéraire*, París, Maspero, 1966.

Magli, Ida: *Alla scoperta di noi selvaggi*, Milán, Rizzoli, 1985.

Malcuzynski, M.-Pierrette (ed.): *Sociocríticas: Prácticas textuales. Cultura de Fronteras*, Amsterdam, Rodopi, 1991.

—: «Reflexiones sobre un feminismo sociocrítico, o la dificultad de decir "yo"», en *Actas del II Congreso Internacional de Sociocrítica*, México, Universidad de Guadalajara (en prensa).

Man, Paul de: *Visión y ceguera. Ensayos sobre la retórica de la crítica contemporánea* (trad. y ed. de Hugo Rodríguez-Vecchini y Jacques Lezra), Río Piedras, Editorial de la Universidad de Puerto Rico, 1991.

Martín Gamero, Amalia: introducción y comentarios a *Antología del Feminismo*, Madrid, Alianza, 1975.

Martínez Romero, Carmen: «La escritura como enunciación. Para una teoría de la literatura femenina. (Notas inspiradas por las novelas que me hubiese gustado escribir)», *Discurso*, 3, 4 (1989), pp. 51-60.

Mayoral, Marina, *et al.*: *Escritoras románticas españolas*, Madrid, Fundación Banco Exterior, 1990 (Colección Seminarios y Cursos).

Meese, Elizabeth: *Crossing the Double-Cross: The Practice of Feminist Criticism*, Chapel Hill, University of North Carolina Press, 1986.

Mignolo, Walter: «Canons A(nd) Cross-Cultural Boundaries (Or, Whose canon Are We Talking About?)», *Poetics Today*, 12, 1 (1991), pp. 2-28.

Mitchell, Juliet: *Psychoanalysis and Feminism*, Harmondworth, Penguin, 1975.

Moi, Toril: *Teoría literaria feminista* [1986], Madrid, Cátedra, 1988.

Moore, Lisa: «"She was too fond of her mistaken bargain": The scandalous relations of gender and sexuality in feminist theory», *Diacritics*, 21, 2, 3 (1991), pp. 89-101.

Mora, Gabriela: «Crítica feminista: Apuntes sobre definiciones y problemas», en G. Mora y K.S. Van Hooft (eds.), *Theory and Practice of Feminist Literary Criticism*, Ypsilanti, MI, Bilingual Review Press, 1981, pp. 2-13.

Mosse, George: *Nationalism and Sexuality: Middle Class Morality and Sexual Norms in Modern Europe*, Madison, University of Wisconsin Press, 1985.

Mukarovsky, Jan: *The World and the Verbal Art: Selected Essays*, New Haven / Londres, Yale University Press, 1977.

Muriel Tapia, María Cruz: *Antifeminismo y subestimación de la mujer en la literatura medieval castellana*, Cáceres, Guadiloba, 1991.

Navarro, Ana: *Antología poética de escritoras de los siglos XVI y XVII*, Madrid, Castalia / Instituto de la Mujer, 1989 (Biblioteca de Escritoras).

Nichols, Geraldine: *Des/cifrar la diferencia. Narrativa femenina de la España contemporánea*, Madrid, Siglo XXI, 1992.

Oñate, Pilar: *El feminismo en la literatura española*, Madrid, Espasa-Calpe, 1938.

Perrot, Michelle y Georges Duby (eds.): *Historia de las mujeres*, Madrid, Taurus, 1991.

PROFETI, Maria Grazia: «La escena erótica de los siglos áureos: poesía, novela, teatro», en M. Díaz-Diocaretz e I.M. Zavala (eds.), *Discurso erótico y discurso transgresor en la cultura peninsular. Siglos XI al XX*, Madrid, Tuero, 1992, pp. 57-90.

REISS, Timothy J.: *The Discourse of Modernism*, Ithaca, Cornell University Press, 1982.

—: *The Meaning of Literature*, Ithaca, Cornell University Press, 1992.

REY-FLAUD, Henry: *La névrose courtoise*, París, Navarin, 1983.

RICH, Andrienne: *Nacida de mujer*, Barcelona, Noguer, 1978.

—: *Antología Poética 1951-1981* (trad. de Myriam Díaz-Diocaretz), Madrid, Visor, 1981 (Colección Visor de Poesía).

RIERA, Carme: «Escritura de mujer, ¿un lenguaje prestado?», *Quimera* (abril 1982).

RIVERA, María-Milagros: *Textos y espacios de mujeres. Europa, siglos IV-XV*, Barcelona, Icaria, 1990.

ROBIN, Régine: *Le roman mémorial*, Montreal, Le Préambule, 1989.

RODRIGO, Antonia: *Mujeres de España. Las silenciadas*, Madrid, Plaza y Janés, 1979.

ROSSI, Rosa: *Teresa de Ávila. Biografía de una escritora* [1983], Barcelona, Icaria, 1984.

RYAN, Michael: «Deconstruction and Social Theory. The Case of Liberalism», en Mark Krupnick (ed.), *Displacement: Derrida and After*, Bloomington, Indiana University Press, 1983.

SAUSSURE, Ferdinand de: *Curso de lingüística general*, Buenos Aires, Losada, 1965⁵.

SHOWALTER, Elaine: *A Literature of Their Own*, Princeton, Princeton University Press, 1977.

SIMÓN PALMER, María del Carmen: *Escritoras españolas del siglo XIX. Manual bio-bibliográfico*, Madrid, Castalia, 1991.

SMITH, Paul: *Discerning the Subject*, Minneapolis, University of Minnesota Press, 1988.

SMITH, Paul Julian: *The Body Hispanic. Gender and Sexuality in Spanish and Spanish American Literature*, Oxford, Clarendon Press, 1989.

SNOW, Joseph: «The Spanish Love Poet: Florencia Pinar», en K. Wilson (ed.), *Medieval Women Writers*, Athens, The University of Georgia Press, 1984.

SULEIMAN, Susan, e Inge CROSMAN (eds.): *The Reader in the Text: Essays on Audience and Interpretation*, Princeton, Princeton University Press, 1980.

TODOROV, Tzvetan: *Introduction a la littérature fantastique*, París, Seuil, 1970.

—: «Bakhtin's Theory of Utterance», en Richard T. de George (ed.), *Semiotic Themes*, Lawrence, University of Kansas Publications, 1981, pp. 165-177.

131

TOMPKINS, Jan (ed.): *Reader-Response Criticism: From Formalism to Post-Structuralism*, Baltimore, The Johns Hopkins University Press, 1980.

VALCÁRCEL, Amelia: «El primer ensayo feminista de una teoría del poder», *Panorama*, 9 (1990), pp. 59-64.

—: *Sexo y filosofía. Sobre «mujer» y «poder»*, Barcelona, Anthropos, 1991.

VALIS, Noël: «La autobiografía como insulto», *Dispositio*, XV, 49 (1992), pp. 2-24.

VAN DIJK, Teun: «Strategic Discourse Comprehension», en Lorenzo Coveri (ed.), Roma, Bulzoni, 1981, pp. 31-62.

VILLANUEVA, Darío: *Teorías de realismo literario*, Madrid, Instituto de España / Espasa Calpe, 1992.

VIOLI, Patrizia: *El infinito singular*, Madrid, Cátedra, 1991.

VVAA: *Ferdinand de Saussure*, Buenos Aires, Siglo XXI, 1971.

VVAA: *Las mujeres en las ciudades medievales*, Madrid, Universidad Autónoma de Madrid, 1984.

YÚDICE, George: «Testimonio y concienciación», en John Beverley y Hugo Achúgar (ed.), *La voz del otro: testimonio, subalternidad y verdad narrativa*, Lima/Pittsburgh, Latinoamericana Editores, 1991, pp. 207-228.

ZAVALA, Iris M.: *Lecturas y lectores del discurso narrativo dieciochesco*, Amsterdam, Rodopi, 1987.

—: «Infracciones y transgresiones sexuales en el romanticismo hispánico», *IILS/CIEL*, 1 (1989), pp. 1-18.

—: «Representing the Colonial Subject», en René Jara y Nicholas Spadaccini (eds.), «*1492-1992: Re/Discovering Colonial Writing*», *Hispanic Issues*, 4 (1989), pp. 323-348.

—: «Lo otro de la posmodernidad: El feminismo radical», *JCLS/CIEL*, 2, 2 (1991), pp. 237-252.

—: *Unamuno y el pensamiento dialógico. M. de Unamuno y M. Bajtin*, Barcelona, Anthropos, 1991.

—: *La posmodernidad y M. Bajtin. Una poética dialógica*, Madrid, Espasa-Calpe, 1991.

—: «The Art of Edition as the Thechné of Mediation: Garcilaso's Poetry as Masterplot», en Nicholas Spadaccini y Jenaro Talens (eds.), «*The Politics of Editing*», *Hispanic Issues*, 8 (1992), pp. 52-73.

—: «Arqueología de la imaginación: erotismo, transgresión y pornografía», en M. Díaz-Diocaretz e I.M. Zavala (coords), *Discurso erótico y discurso transgresor en la cultura peninsular. Siglos XI al XX*, Madrid, Tuero, 1992, pp. 155-182.

—: introducción a M. Bajtin / V.N. Voloshinov, *El marxismo y la teoría del lenguaje* (trad. de Tatiana Bubnova), Madrid, Alianza, 1993.

—: «El discurso canibalístico sobre el Nuevo Mundo», *Acta Poética*, 12 (1991), pp. 5-36.

ÍNDICE ONOMÁSTICO

ÍNDICE TEMÁTICO

ÍNDICE GENERAL

PQ 6039 .B68 1993 v.1

Breve historia feminista de
 la literatura espanola